ERLÄUTERUNGEN UND DOKUMENTE

Johann Michael Reinhold Lenz

Der Hofmeister oder Vorteile der Privaterziehung

Von
Friedrich Voit

Philipp Reclam jun. Stuttgart

»Der Hofmeister« von J. M. R. Lenz liegt unter Nr. 1376 in Reclams Universal-Bibliothek vor. Die Seiten- und Zeilenangaben in den Erläuterungen beziehen sich auf diese Ausgabe.

RECLAMS UNIVERSAL-BIBLIOTHEK Nr. 8177

Durchgesehene, in Kapitel IV,3 ergänzte und
bibliographisch aktualisierte Ausgabe 2002
Gesamtherstellung: Reclam, Ditzingen. Printed in Germany 2008

ISBN 978-3-15-008177-8

www.reclam.de

Inhalt

I. Wort- und Sacherklärungen 5
II. Die Hofmeister. Zum sozialhistorischen Hintergrund 66
III. Dokumente zur Entstehungsgeschichte 80
IV. Dokumente zur Wirkungsgeschichte 93
1. Die zeitgenössische Rezeption 93
2. Die »Hofmeister«-Bearbeitung von F. L. Schröder 110
3. Stimmen des 19. und 20. Jahrhunderts 121
V. Bertolt Brechts »Hofmeister«-Bearbeitung . . . 153
VI. Texte zur Diskussion 167
1. Zum zeitgenössischen Komödienbegriff . . . 167
2. Geschlossene und offene Form des Dramas . . 177
VII. Literaturhinweise 182

I. Wort- und Sacherklärungen

»Der Hofmeister« von J. M. R. Lenz ist, gerade was die Sprache anlangt, ein charakteristisches Erzeugnis der Sturm-und-Drang-Periode in den siebziger Jahren des 18. Jh.s. Damals bemühten sich einige – meist junge – Autoren um eine neue, dem gesprochenen Deutsch näherstehende Literatursprache; »das breite Gebiet des Volkstümlichen, Dialektformen, Provinzialismen, Lässigkeit der Umgangssprache, Vulgarismen und Derbheiten bis zum stärksten Kraftwort« dringen nun, so schreibt August Langen[1] über die Sprache des Sturm und Drang, in die literarische Schriftsprache ein.

Nach dem Muster der »natürlichen« Volkssprache gestattete man sich jetzt stilistische und grammatikalische Freiheiten, die in der Literatur bis dahin verpönt waren. Hierher gehören etwa – die Beispiele sind alle dem »Hofmeister« entnommen – der häufige Ausfall des unbetonten *e* im Wortausgang (z. B. 19,24 *hätt ich*, 27,13 *gesteh ich*, 86,35 *leugn' ich*; 15,11 *in die Höh*, 20,33 *Sklav*), das gelegentliche Weglassen des Partizipialpräfix *ge* (z. B. 78,16 *fortgangen*, 78,17 f. *hat mich aufgeben*) und des bestimmten Artikels nach Präpositionen (z. B. 62,20 *in Teich*, 51,1 *in Sack*) oder die vielen elliptischen und syntaktisch unvollständigen Satzgefüge, mit denen man den Affektausdruck der gesprochenen Sprache nachzuahmen suchte (vgl. etwa 78,8 f. *Ja, ich werde dir – Ich will den hundsföttischen maliziösen Brief den Augenblick –*).

Am auffälligsten sind freilich die Anleihen am Wortschatz der Umgangssprache: ihr entstammen Wortformen wie

1 Eine noch immer empfehlenswerte Einführung in die Sprache des Sturm und Drang bietet das Kapitel »Irrationalismus« von August Langen in seinem Beitrag »Deutsche Sprachgeschichte vom Barock bis zur Gegenwart«, in: »Deutsche Philologie im Aufriß«, hrsg. von Wolfgang Stammler, Bd. 1, Berlin 1957, Sp. 1070–1147, hier Sp. 1097 f. Methodisch veraltet, aber in manchem noch immer nützlich ist auch Curt Pfützes Aufsatz »Die Sprache im J. M. R. Lenzens Dramen«, in: »Archiv für das Studium der neueren Sprachen und Literaturen« 85 (1980) S. 128–202.

Männichen (5,28), *Schnuppen* (26,17), *ausgetrummelt* (31,35), studentensprachliche Ausdrücke wie *Posaunenkerl* (29,1), *Teekessel* (64,26), *besponnen* (27,17 f.), volkstümliche Redensarten und sprichwörtliche Wendungen wie *es soll dir zu Hause kommen* (32,25), *da sitzt der Has im Kohl* (59,7 f.) und die zahlreichen Flüche und Kraftworte.
Andere Eigentümlichkeiten bewahren dagegen den im 18. Jh. üblichen, jetzt aber veralteten Sprachstand, etwa in der abweichenden Verwendung unflektierter starker bzw. schwacher Adjektivformen wie *ein gut fidel Weib* (29,21), *die studierte Herren* (86,33), bei Wortformen wie *Tobak* (53,13), *dreust* (65,6), *Käficht* (20,22) und Wortbedeutungen wie *Anmerkung* (82,17) für ›Bemerkungen‹, *für* (14,28 u. ö.) statt ›vor‹, *allewege* (86,32) für ›immer‹ oder in heute nicht mehr gebräuchlichen Konstruktionen und Wendungen wie *meiner Augen ... schonen* (53,30), *nach der Kirche gehst* (86,5 f.), *geht dem Geheimen Rat ... vorbei* (5,23 f.).

1 [Titel] *Hofmeister:* Privaterzieher oder Hauslehrer in adligen und wohlhabenden bürgerlichen Familien, die die Erziehung und erste Ausbildung der Kinder besorgten; vgl. Kap. II.
Vorteile der Privaterziehung: Der Nebentitel weist ironisch auf die gesellschaftskritische Absicht des Stückes, das die Wirklichkeit des Hofmeisterstandes und der Privaterziehung als schlecht und in jeder Hinsicht nachteilig bloßstellt.
[Gattungsbezeichnung] *Komödie:* Mit dieser Gattungsbezeichnung folgt Lenz einer wesentlichen Unterscheidung seiner eigenen Definition, nach der »der Hauptgedanke einer Komödie *eine Sache*, einer Tragödie *eine Person*« zu sein habe (vgl. Lenz, »Anmerkungen übers Theater, Shakespeare-Arbeiten und Shakespeare-Übersetzungen«, S. 38). Zunächst aber war sich Lenz noch unschlüssig darüber, welcher Dramengattung er sein Stück zuordnen sollte. In einem Brief aus dem Jahre 1772 nennt er es »Trauerspiel«, wenn auch unter Vorbehalt: »ich muß den gebräuchlichen Namen nennen« (Briefe I, S. 25), und in

der erhaltenen Handschrift des Stückes, aufbewahrt in der Staatsbibliothek Preußischer Kulturbesitz (Berlin), findet sich unter dem Titel die Gattungsbezeichnung »Lust- und Trauerspiel«, mit der Lenz einerseits wohl dem Doppeltitel des Stückes gerecht zu werden versuchte, andererseits aber sich bewußt zum »Shakespearisieren« bekannte: gegen die Stücke Shakespeares, des großen Vorbilds der Sturm-und-Drang-Dramatiker, erhob die konservative zeitgenössische Kritik immer wieder den Vorwurf der regelverletzenden Mischung von Komik und Tragik. Die anfängliche Unsicherheit von Lenz in der Gattungszuweisung seines Stückes weist auf die zeitgenössischen dramentheoretischen Bemühungen um neue, die traditionelle Gattungsbestimmung der Tragödie und Komödie überschreitende Formen, wie das ›bürgerliche Trauerspiel‹ und das ›rührende Lustspiel‹ (vgl. Peter Szondi, »Die Theorie des bürgerlichen Theaters«, Frankfurt 1973, S. 21 f.). Zur zeitgenössischen Komödien-Diskussion vgl. Kap. VI,1.

4 *Namen:* Auffällig ist die Benutzung von ›sprechenden‹ Namen; Lenz bedient sich damit eines alten Stilmittels der Komödie, um Figuren schon durch die Benennung zu charakterisieren bzw. zu kritisieren: *Graf Wermuth* ist ein Adliger, für den es nichts Ungewöhnliches ist, *zwanzig Bouteillen Champagner* (35,32) im Verlauf eines Tages zu leeren; *Läuffers* Name deutet auf dessen unstete und unsichere Existenz; der Charakter des *Pätus* (lat. »paetus« ›verliebt blinzelnd‹) kontrastiert mit dem *Bollwerks*, dem derberen der beiden Studenten; *von Seiffenblase* verweist auf die hohlen Standesdünkel dieser schillernden Figur eines Adligen; der Name *Rehaar* kennzeichnet einerseits die unmännliche Furchtsamkeit des Lautenisten, andererseits aber auch die naive Unschuld seiner Tochter; leicht zu durchschauen ist die Ironie in der Benennung bei Nebenfiguren wie *Jungfer Hamster*, *Jungfer Knicks* oder *Frau Blitzer*. Zu den Namen der Figuren vgl. auch Giese, S. 172 f.

Geheimer Rat: urspr. ein Titel, der nur Mitgliedern des

gleichnamigen höchsten Beraterkreises absolutistischer Landesherrn zustand; im Laufe der Zeit aber wurde der Titel auch anderen höheren und mittleren Staatsbeamten verliehen.

4 *Major:* seit dem Ende des 16. Jh.s Bezeichnung für den untersten Dienstgrad der Stabsoffiziere.

Majorin: Noch im 18. Jh. pflegte man Frauen mit dem Familiennamen oder dem Titel des Mannes zu benennen, denen das Suffix *in* angefügt wurde; vgl. Z. 13 *Rätin*, 64,14 *Hamstern*, 64,18 *Rehaarin* u. ö.

Gustchen: Verkleinerungsform zu »Auguste«.

Jungfer: bei Lenz noch standesgemäße Anrede für ein unverheiratetes bürgerliches Mädchen; dem entsprach bei einer Adligen die Anrede »Fräulein« (vgl. etwa 8,7 f.).

Junker: hier ›Sohn und Erbe (eines Adligen)‹; mhd. »juncherre«, urspr. ›ein Edelknabe, der noch nicht zum Ritter geschlagen wurde‹, später ›Gutsherr, Grundbesitzer‹.

Erster Akt

5,3 *Insterburg:* Kreisstadt im litauischen Teil des ehemaligen Ostpreußen, an der Angrap gelegen, die sich nahe der Stadt mit der Inster zum Pregel vereinigt. Es liegt 98 km östlich von Königsberg, der damaligen zweiten Hauptstadt des Königreichs Preußen (vgl. 25,8). Um 1770 hatte Insterburg etwa 3500 Einwohner.

5,4–23 *Mein Vater sagt ... unerträglich ist:* Mit diesem prologartigen Selbstgespräch, in dem Läuffer eine eher an das Publikum gerichtete Darstellung seiner Situation gibt, nimmt Lenz eine Expositionstechnik auf, die er bei dem römischen Komödiendichter Plautus (250–184 v. Chr.) bewunderte (vgl. WS II, S. 738 f.); fünf von dessen Komödien hatte Lenz bearbeitet (»Lustspiele nach dem Plautus fürs deutsche Theater«, Leipzig 1774).

5,4 f. *Adjunkt:* hier zu verstehen als »Pastor adiunctus«, ein Kandidat der Theologie als Gehilfe, den sich ein älterer und/oder kranker Geistlicher erbitten konnte. Da der

Adjunkt im allgemeinen das Recht der Nachfolge im Amt erwarb, war eine Teilung der Stelle zwischen Vater und Sohn möglich, ja üblich, wenn die Anstellung des angehenden Pfarrers anders nicht gesichert schien. Eine Pfarrstelle hatte allerdings ein fixes Einkommen, so daß der Amtsinhaber einen gerechten Anteil daran dem Adjunkten zukommen lassen mußte (5,5: »der Fehler liegt in seinem Beutel«).

5,6 *Pfaffen:* erst seit der Reformationszeit meist im verächtlichen Sinn gebrauchte Bezeichnung für Geistliche.
zu jung: Für die Anstellung als Pfarrer war ein Mindestalter von 25 Jahren vorgeschrieben. Da das Studium häufig schon mit 21–23 Jahren beendet war, hatten Theologen eine Zeitlang zu überbrücken.

5,8 *Stadtschule:* Die Anstellung an einer Stadt-, Latein- oder Bürgerschule war insbesondere für Theologen eine Gelegenheit, die Zeit zwischen Studium und Pfarrberuf zu überbrücken. Während die Prima dem Rektor, die Sekunda dem Konrektor oder Kantor vorbehalten war, konnten Kandidaten der Theologie ab Tertia als Lehrer eingesetzt werden.

5,9 *Mag's!:* eine von Lenz häufiger gebrauchte Interjektion im Sinne von ›gleichviel‹; vgl. 27,29.
Pedant: kleinlicher Mensch.

5,12 *Klassenpräzeptor:* Lehrer.

5,15 *Monsieur:* französische Anrede (›meinHerr‹), die bis ins späte 18. Jh. auch im Deutschen gebräuchlich war, gelegentlich freilich, wie hier, mit ironischem Unterton.

5,16 *Leipzig:* Wegen der Messe und seiner angesehenen Universität galt Leipzig im 18. Jh. als eine der kultiviertesten Städte Deutschlands; vgl. Goethes »Faust«: »Mein Leipzig lob ich mir! / Es ist ein klein Paris, und bildet seine Leute.« (2171 f.)
Händels Kuchengarten: seinerzeit eine berühmte Gartenwirtschaft nahe der Stadt; vgl. Goethes Scherzgedicht auf den Konditormeister Samuel Händel in »Dichtung und Wahrheit« (2. Teil, 7. Buch).

5,17 *Richters Kaffeehaus:* Kaffeehäuser wurden damals beliebt als Treffpunkte bürgerlicher und intellektueller Geselligkeit (vgl. auch 76,23); das bekannteste in Leipzig war seit 1770 das Richtersche Café im Romanushaus. *Satire:* hier im Sinn von ›Spott‹.

5,18 *Konrektor:* Stellvertreter des Schulleiters.

5,19 *diskurrieren:* von frz. »discourir« ›sich unterhalten‹.

5,22 *Kerl:* ein Modewort des Sturm und Drang sowohl mit positiver (vgl. etwa 6,16; 6,24) als auch – wie hier – mit abschätziger Bedeutung (vgl. etwa 41,29; 42,4).

5,23f. *Geht dem Geheimen Rat ... vorbei:* Bewegungsverben in Verbindung mit dem Ortsadverb »vorbei« wurden in älterem Sprachgebrauch mit dem Akk. oder Dat. verbunden; aber schon Adelung tadelt diese Konstruktion und verlangt eine heute übliche präpositionale Fügung; vgl. auch 32,32f. *läuft uns ... vorbei.*

5,24 *mit viel ... Scharrfüßen:* Durchaus zeitüblich erscheinen bei Lenz noch häufig unflektierte Adjektivformen, wo heute starke verlangt werden (vgl. etwa 16,9 *ein sehr einfältig Stückchen*, 31,16f. *mit schwarz Sammet* u. ö.) oder starke Formen, wo man heute schwache gebraucht, so manchmal u. a. nach »alle, keiner, solcher«, dem best. Art., dem Poss.- oder Pers.-Pron. (vgl. etwa 6,1f. *solche wunderliche Fragen*, 23,28f. *seine hochadliche Vettern* u. ö.). *Scharrfüßen:* Verbeugungen, begleitet von einem untertänigen Scharren mit dem Fuß.

5,27 *artiges:* Im 18. Jh. hatte das Wort viele Bedeutungsnuancen, die von ›fein, vornehm‹ über ›wohlerzogen, geschickt‹ bis ›freundlich, hübsch‹ reichten.

6,5 *Dukaten:* alte, urspr. venezianische Goldmünze, die im Deutschen Reich bis ins 19. Jh. gebräuchlich blieb; in Preußen entsprach ihr der Wert von etwa drei Talern (vgl. Anm. zu 11,27). – 300 Dukaten oder rund 900 Taler wären für einen Hofmeister damals ein außerordentlich hohes Gehalt gewesen. Der Major übertreibt wohl seinem Bruder gegenüber, wie dann seine Frau gegenüber dem Grafen Wermuth (vgl. 9,27f.). Hofmeistergehälter schwankten sehr, doch überschritten sie nur selten 150 Taler pro Jahr bei freier Kost und Unterkunft. Zum Vergleich: ein Schulmeister in Preußen erhielt 200–400 Taler, ein Dorfschulmeister selten mehr als 100, während ein Professor bis zu 1200 Taler pro Jahr beziehen konnte (vgl. Walter Horace Bruford, »Die gesellschaftlichen Grundlagen der Goethezeit«, Frankfurt a. M. / Berlin / Wien 1975, S. 234f.).

6,7 *foderst:* forderst; die Form ohne *r* war die im 18. Jh. üblichere; vgl. 11,35f. *fodern*, 25,8 *foderte* u. ö.

6,22 *Kontrefei:* (von frz. »contrefait« ›nachgemacht, nachgebildet‹) Abbild, Ebenbild.

Eltervaters: hier ›Großvaters‹.

6,23 *Potz hundert!:* Die Interjektion *potz*, aus entstelltem Gen. »Gottes«, erscheint in der Regel verbunden mit einem Beiwort; 28,14 *potz Mordio!*; 51,21f. *potz Millius.*

6,29–31 *Du siehst immer nur ... über den Schnabel zieht:* Die Abhängigkeit des Majors von den Meinungen seiner Frau wird hier mit dem Verhalten eines ›hypnotisierten‹ Huhns verglichen; das gleiche Bild benutzt Jean Paul in seinem Buch »Levana oder Erziehlehre« (§ 64) gegen falsches Belehren der Kinder: »daher wir denn auch [...] mit unserer Schulkreide immer von dem Schnabel des festgehaltenen niedergedrückten Huhns den breiten Strich hinzeichnen und verlängern, damit das Huhn immer nach demselben Gedankenstriche und Treppenstricke hinstarre, ohne aufzukönnen« (»Werke«, hrsg. von Norbert Miller, Bd. 5, München 1963, S. 622).

6,35 *Hollunken:* Gauner, Schlingel; veraltete Nebenform zu »Halunke«; hier als abwertendes Scheltwort für die vom Major als unstandesgemäß empfundenen bürgerlichen Spielgefährten eines adligen Jungen.

6,36–7,1 *Philosophus:* Die latinisierte Form ironisiert das belehrende Gehabe des Geheimen Rats.

7,2f. *einzige Sohn:* diese Angabe widerspricht 24,1f. und 25,26, wo ein zweiter Sohn des Geheimen Rats, Karl, erwähnt wird.

7,3 *Sr. Exzellenz:* Seiner Exzellenz. Dieser Titel kam urspr. nur fürstlichen Personen zu, dann auch hohen Staatsbeamten; heute noch im diplomatischen Dienst für Botschafter gebräuchlich. – »Seine« wird gebraucht, wenn man von dem Titelträger spricht. »Eure« in der direkten Anrede 55,20 *Eurer Exzellenz* (abgek. »Ew.«, so 66,22f. *Ew. Herzoglichen Majestät*, 79,3f. *Ew. Edlen*).

7,5 *galonierter:* betreßter; von frz. »galoner« ›mit Tressen, Gold- und Silberborte besetzen‹.

7,6 *Patronin:* hier ›Hausherrin‹.

7,11 *Kanapee:* im 18. Jh. aus dem Französischen entlehnte, veraltende Bezeichnung für eine gepolsterte Sitzbank mit Rücken- und Seitenlehnen.

7,14 *stehenden Gehalts:* festen Gehalts.

7,23 *Euer Gnaden werden:* ehemals Anrede für höherstehende Personen, die den Plural des Verbs verlangt; eigtl. ein Gen. Pl.; vgl. 8,12f. *Euer Gnaden Stimme.*

7,30 *buschscheu:* nach Daunicht »von Pferden gesagt, die vor Büschen scheuen« (GW I, S. 396).
blöden: hier in der früher üblichen Bedeutung ›verzagt, furchtsam‹.

7,32 *ein Kompliment aus der Menuet:* eine Verbeugung, wie sie zu einem Menuett gehört. Das Menuett, im 18. Jh. auch als Femininum flektiert, war ein beliebter Hof- und Gesellschaftstanz.

8,2 *Pas:* (frz.) Schritt, Tanzfigur.

8,4 *Assembleen:* (frz.) Gesellschaften, Tanzgesellschaften; vgl. auch 80,17f. *auf die Assemblee* ... fahren.

8,7f. *Fräulein Milchzahn besuchen uns:* ehrerbietige Redeform in der 3. Pers. Pl. gegenüber einer abwesenden Person von Adel.

8,12 *Virtuos:* kunstfertiger Musiker.

8,18 *enrhumiert:* (frz.) erkältet, verschnupft.

8,19–24 *Vous parlez françois ... mon cher:* Ganz beiläufig überprüft hier die Majorin die offenbar nicht sehr weitreichenden Französischkenntnisse Läuffers:

MAJORIN: [...] Sie sprechen ohne Zweifel französisch?
LÄUFFER: Ein wenig, Madame.
MAJORIN: Haben Sie schon Ihre Reise nach Frankreich gemacht?

LÄUFFER: Nein, Madame ... Ja, Madame.
MAJORIN: Sie sollten doch wissen, mein Lieber, daß man in Frankreich nicht die Hand küßt. ...

8,21 *Votre tour de France:* Eine längere Reise zu den kulturellen Zentren Europas, besonders in Italien und Frankreich, beschloß seinerzeit oft die Ausbildung junger Adliger und wohlhabender Bürgerlicher.

8,25 *Graf Wermuth:* In der Handschrift nannte Lenz den Grafen noch »von Bernold«.

8,27 *Komplimenten:* Verbeugungen zur Begrüßung, Höflichkeitsbezeugungen.

8,30 *Marchese:* italienischer Adelstitel, etwa dem Rang eines Grafen entsprechend.

9,1 *Pintinello:* vermutlich ein Phantasiename, der an die Bezeichnung für die italienische Hanswurstfigur, den Pulcinella, anklingt. Zunächst lautete der Name in der Handschrift »Ballado«, abgeleitet von ital. »ballare« ›tanzen‹.

9,3 *on ne peut pas mieux:* (frz.) man kann nicht besser.

9,4 *Beluzzi:* Gemeint ist wohl der italienische Tänzer und Choreograph Carlo Belluzzi, der in Venedig, Kopenhagen und um 1758 dann in Petersburg auftrat.

9,9 *Auf dem Kochischen Theater:* Heinrich Gottfried Koch (1703–75) leitete von 1749 bis 1772 in Leipzig eine der berühmtesten Theatergruppen der Zeit, dann wechselte er nach Berlin. Koch machte sich besonders um die Pflege des zeitgenössischen Singspiels verdient.

9,11 *Er:* Das Pers.-Pron. der 3. Pers. Sg., »Er« und »Sie«, diente im 18. Jh. auch der Anrede, besonders niedriger stehender Personen. Mit dem Wechsel vom höflicheren »Sie« (Pl.) zur »Er«-Anrede verweist die Majorin Läuffer nachdrücklich in seine gesellschaftlichen Schranken. *Domestiken:* Hausbedienstete, Dienstboten.

9,17 *hohen Schule:* Hochschule, Universität.

9,23 *dasigen:* dortigen.

9,23 f. *Professor geschrieben:* Hofmeisterstellen wurden häufig auf die Empfehlung eines Professors vergeben; einer der gefragtesten Vermittler zu seiner Zeit war der

Leipziger Professor und Schriftsteller Christian Fürchtegott Gellert (1715–69).

9,24 *galanteste:* feinste, höflichste.

9,25 *Akademie:* Universität; urspr. ein Hain vor Athen, nach dem Heros Akademos benannt, wo Platon (427–347 v. Chr.) eine Philosophenschule einrichtete; seit dem 16. Jh. Bezeichnung für Hochschule.

9,26 *links:* hier ›ungeschickt, unelegant‹; vgl. »linkisch«. *bordierten:* mit einer Zierborte versehen.

9,34 *denn:* bei Lenz, wie überhaupt im ausgehenden 18. Jh., häufig noch nicht von »dann« unterschieden; vgl. etwa 12,15; 30,15 u. ö.

10,2f. *in Insterburg keine katholische Kirche:* Es gab in Insterburg damals tatsächlich keine katholische, sondern nur eine lutherische und eine reformierte Kirche (vgl. A. Ernst Hennig, »Historisch-topographische Beschreibung von Insterburg«, Königsberg 1794, S. 6ff.).

10,3f. *er ist lutherisch, oder protestantisch wollt ich sagen:* Zum Protestantismus gehören alle christlichen Bekenntnisgemeinschaften, die aus der Reformation hervorgingen. Die beiden größten Gemeinschaften sind die Lutheraner, die sich im wesentlichen auf die Lehren Luthers berufen, und die Reformierten, die stärker von den Schweizer Reformatoren Zwingli und Calvin beeinflußt sind. Noch schärfer deutet Lenz in der Handschrift auf die Unkenntnis der Majorin in konfessionellen Angelegenheiten; dort heißt es an dieser Stelle: »er ist von der anderen Seckte – wie heißt sie doch – Lateinisch nein nicht doch lutherisch lutherisch war das Wort.«

10,6 *Gulden:* s. Anm. zu 29,31.

10,11 *indem:* als.

10,13 *Canaille:* Lump, schlechter Mensch.

10,16 *Heiduck:* urspr. ungarischer Viehhirt, dann Bezeichnung für Angehörige einer ungarischen Söldnertruppe und »einen Diener in der Tracht dieser ungarischen Heiducken, dessen [. . .] Amt darin besteht, die Kutsche oder Sänfte seines Herrn zu begleiten« (Adelung).

10,20 *Tuckmäuser:* Duckmäuser, Leisetreter, verschlagener Mensch.

10,22 *Feriieren:* Ferien machen, Faulenzen.
Rekreieren: Erholen.
10,23 *Zum Plunder:* hier etwa ›das ist unnützes Zeitvertun‹; mhd. »blunder« ›Hausgerät, Kleidung, Wäsche‹ erhält im Nhd. einen negativen Sinn ›unbrauchbar gewordener Kram, nutzloses Zeug‹.
10,24 *Malum hydropisiacum:* Wassersucht.
10,26 *Cornelio:* Cornelius Nepos (um 100–25 v. Chr.), römischer Historiker, dessen Lebensbeschreibungen berühmter Männer im 18. Jh. zum Kanon der lateinischen Schullektüre gehörte. – Lenz läßt den Major hier wohl den Namen absichtlich falsch flektieren, Dat. statt. Akk., um die geringen Lateinkenntnisse des Majors bloßzustellen; vgl. auch 11,28, wo dieser nochmals eine falsche lateinische Form benutzt.
Lippel: nach Daunicht Koseform zu »Leopold« (GW I, S. 397).
10,28 *Sackerment:* Fluch, entstellt aus »Sakrament«; eine Variante dazu ist 24,11 *Sapperment.*
10,29 *Rückenbein:* Rückgrat.
10,33 *Racker:* »oft ein Schimpfwort auf eine im höchsten Grade verächtliche oder hassenswürdige Person« (Adelung).
11,4f. *dir keinen Daumen aufs Auge gesetzt:* dich nicht zum Lernen gezwungen habe; die Redensart »bedeutet eigtl.: einen im Zweikampf überwinden und ihm drohen, daß man ihm mit dem draufgehaltenen Daumen das Auge ausdrücken werde, wenn er nicht um Gnade bittet« (Röhrich, S. 195).
11,5 *Galgendieb:* Herumtreiber, Gauner; urspr. ein Dieb, der es verdient, gehängt zu werden.
11,7 *gassenläuferischer:* sich auf der Straße herumtreibender.
11,9 *nicht:* nichts.
11,12 *Läuffern:* veraltete Endung auf *n* im Dat. und Akk. bei Eigennamen; vgl. auch 14,2 *Julietten* u. ö.
11,16 *Zum Henker: Henker* meint wie *Kuckuck* (53,4) oder *Wetter* (28,21 f.) in vielen Redensarten und Verwünschungen oft eigtl. den Teufel, dessen direkte Benennung tabu-

iert war und vermieden wurde; vgl. auch 15,2 *der Henker*; 38,29 *du verhenkerter Pätus*; 57,7f. *Hol' mich der Kuckuck* u. ö.

11,27 *Taler:* im 18. Jh. eine der gängigsten Silbermünzen, besonders in Norddeutschland; verkürzt aus »Joachimstaler«, nach dem Ort St. Joachimsthal im Erzgebirge und der Münze, die seit dem 16. Jh. aus dem dort gewonnenen Silber geprägt wurde.

vierhundert Taler preußisch Courant: vierhundert Taler nach der gängigen preußischen Währung; in Brandenburg-Preußen galt seit 1750 der sog. preußische Kurantfuß von 14 Talern (oder 21 Gulden) auf die Mark (d. i. 233,85 Gramm) Feinsilber.

11,28 *Salarii:* Lohn, Gehalt; von mlat. »salarium« ›Soldatensold‹. Wie in 10,26 benutzt der Major auch hier das lateinische Wort mit dem falschen Kasus, Gen. statt – wie noch in der Handschrift – korrektem Dat. »Salario«.

12,2 *Hofmann:* hier ›kultivierter, höfischer Mann‹.

12,7 *werd ... einmal für Sein Glück ... sorgen:* Darauf hofften viele Hofmeister, wenn sie eine Stelle annahmen – oft freilich vergebens; vgl. 21,36–22,5 und Kap. II.

12,9 *das:* Auch an anderer Stelle bezieht Lenz das neutrale Rel.-Pron. »das« in Verbindung mit dem Hilfszeitwort »sein« auf ein vorangehendes mask. oder fem. Subst.; vgl. 13,3 *der Sohn, das ist ihr Liebling.*

12,13 *Buschklepper:* Scheltwort wie ›Strauchdieb, Spitzbub, Wegelagerer‹.

12,14f. *aus dem Grunde und in dem Grunde:* in- und auswendig.

12,16 *zum Nachtmahl:* zum ersten heiligen Abendmahl. Die Voraussetzung, am heiligen Abend teilnehmen zu dürfen, ist in der protestantischen Kirche die Konfirmation; zu dieser wurde man schon damals in der Regel erst im 14. Lebensjahr und nach vorangehender Unterweisung in der christlichen Lehre zugelassen. Mit der Konfirmation wurde man kirchlich mündig, und Frauen galten von da an auch als heiratsfähig.

12,17f. *etwas aus dem Christentum mit ihr nehmen:* etwas

aus der christlichen Lehre, dem Kathechismus, mit ihr durchnehmen.

12,32 *über den Büchern und … Trauerspielen:* In der zeitgenössischen Literatur wird die Lesesucht, besonders bei Leserinnen, immer wieder als eine gefährliche und für die vorgebliche Bestimmung der Frau zur häuslichen Gattin und Mutter verderbliche Zeitmode angeprangert; Lenz nimmt diese Kritik auf und macht sie in Gustchens Neigung, sich mit Figuren ihrer Lektüre zu identifizieren (vgl. I,5 und II,5), zu einem wichtigen Handlungsmotiv.

12,36–13,1 *meines Herzens einziger Trost:* biblische Wendung nach Ps. 73,26 und Jer. 15,16.

13,4f. *fein säuberlich mit dem Knaben Absalom:* biblische Wendung nach König Davids Gebot: »Fahret mir säuberlich mit dem Knaben Absalom!« (2. Sam. 18,5). Absalom, der Lieblingssohn König Davids, empörte sich gegen seinen Vater, der jedoch seinen Hauptleuten befahl, den Sohn im Falle einer Gefangennahme zu schonen (vgl 2. Sam. 13–19).

13,6 *Galgenstrick:* eigtl. ›jmd. der einen Galgenstrick verdient‹.

13,8 *versieht:* falsch macht.

Lex: Hausaufgabe; von lat. »lectio« ›Lektion‹.

13,14–16 *mein einziges Kleinod … schickt' ihn fort:* Die Figur des Majors, mit seiner übermäßigen Liebe zu seiner Tochter, die er sogar seinen »Abgott« (43,22) nennt, hat ihr Vorbild wohl in Squire Western aus Henry Fieldings Roman »Tom Jones« (1749; dt. 1771), den Lenz kannte und schätzte; von Squire Western heißt es: »he had the most violent affection for this only daughter, and had often signified […] the pleasure he proposed in seeing her married to one of the richest man in the country« (V. Buch, Kap. 3.). – Eine ähnliche Vater-Tochter-Beziehung gestaltete Lenz auch in seiner Komödie »Die Soldaten« (1776) zwischen dem Galanteriehändler Wesener und seiner Tochter Marie.

13,18 *alles in allem:* etwa ›der Mittelpunkt meiner Gedanken, meines Lebens, mein ein und alles‹.

13,28 *Sie:* Die höflichere und distanziertere »Sie«-Anrede gebrauchte man im 18. Jh. in vornehmeren Kreisen selbst gegenüber engen Verwandten; vgl. auch 37,3, wo die Majorin ihren Mann zunächst mit »Sie« anspricht.

13,29 *Heidelbrunn:* Ein Ort, Schloß (vgl. 45,9) oder Landgut (vgl. 81,15) dieses Namens läßt sich in der weiteren Umgebung von Insterburg oder Königsberg, wo man sich Heidelbrunn zu denken hat (vgl. 25,8 und 81,14–17), nicht nachweisen.

13,31 *Juliette:* Gemeint ist die Julia aus Shakespeares Tragödie »Romeo und Julia« (1595); in der Namensform folgt Lenz der ersten deutschen Übersetzung (1766) von Christoph Martin Wieland und jener französischen Bearbeitung des Stoffs, mit der sich Lenz 1772 in seinen »Anmerkungen über die Rezension eines neu herausgekommenen französischen Trauerspiels« auseinandersetzt (s. GS IV, S. 191–198).

13,32 *Frauenzimmer:* Das Wort bezeichnete urspr. den Aufenthaltsort der Frauen und wurde dann ein Kollektivbegriff für »Frauen« (so etwa 65,7); in der weiteren Entwicklung trat die kollektive Bedeutung zurück, und das Wort erhielt einen etwas abschätzigen Unterton.

14,3 *Romeo:* Fritz geht auf Gustchens Spiel ein und identifiziert sich mit Romeo, dem Liebhaber Julias in Shakespeares Tragödie (vgl. Anm. zu 13,31).

14,5 f. *einen Degen trage:* »Das Recht den Degen zu tragen bezeichnet die Wehrhaftmachung, den Eintritt in die männlichen Jahre [...]. Wenn der junge Mann Student wird, steht ihm das Recht zu« (GWb); vgl. auch 16,12.

14,8 f. *im Gellert steht:* Die folgende Zeile ist ein Zitat aus der letzten Strophe von Gellerts Gedicht »Der Selbstmord«: »Er reißt den Degen aus der Scheide, / Und – o was kann verwegner sein! / Kurz, er besieht die Spitze und die Schneide, / Und steckt ihn langsam wieder ein.«

14,16 *Graf Paris:* Er ist in Shakespeares Tragödie (vgl. Anm. zu 13,31) Julia von ihren Eltern zum Gatten bestimmt und somit der Rivale Romeos.

14,19 *Schlaftrunk:* Anspielung auf das Betäubungsmittel,

das in »Romeo und Julia« der Mönch Lorenzo Julia gab und das sie in einen todesähnlichen Schlaf versenkte, um sie vor einer Heirat mit dem Grafen Paris zu bewahren.

14,28 *für den:* vor dem; veraltetes »für« statt heutigem »vor« findet sich mehrfach im Stück (vgl. 39,2f.; 62,13 u. ö.).

14,30f. *meine Schulen gemacht:* meine Schulzeit durchlaufen.

14,34 *zum Abendmahl gewesen:* vgl. Anm. zu 12,16.

15,12 *was soll ich schwören?:* vgl. die Schwurszene in Shakespeares »Romeo und Julia« (II,2,107–115)

15,17 *englisches:* engelhaftes.

15,27 *Junker Fritz:* Indem der Geheime Rat seinen Sohn als Junker – und dann Gustchen als Fräulein (17,24) – anspricht, erinnert er beide nicht nur an ihr Alter, sondern auch an ihren Stand und ihre Standespflichten; vgl. Anm. zu S. 4.

15,32 *itzt:* im 18. Jh. gebräuchliche und bei Lenz übliche Form für »jetzt«; weit seltener benutzt er die andere Nebenform *jetzo* (31,5).

16,2 *Mühmchen:* Nichtchen; von mhd. »muome« ›Mutterschwester‹, nhd. »Muhme« bezeichnet jede weibliche Verwandte, vor allem Geschwisterkinder.

16,4 *mein Vater:* Gustchen spricht den Geheimen Rat schon gleichsam als Schwiegervater an, eine Anrede, die dieser zunächst zurückweist, dann jedoch scherzhaft aufnimmt, indem er sie Tochter nennt (vgl. 17,33).

16,7 *hast noch nicht kommuniziert:* vgl. Anm. zu 12,16.

16,11f. *eine Perücke aufsetzen:* Bis in die achtziger Jahre des 18. Jh. war es üblich, daß Männer Perücken trugen; sie konnten Ausdruck des Vornehmen und Standesgemäßen oder Bestandteil einer Amtstracht sein (vgl. 82,13).

16,15 *Sie, Gustchen:* Zum Wechsel von der »Du«- zur »Sie«-Anrede vgl. Anm. zu 13,28; ein ähnlicher Wechsel 17,2f.

16,17 *Romane:* hier ›schwärmerisches, romanhaftes Verhalten‹.

16,30 *Schlange:* Nach 1. Mose 3,1 ist die Schlange das listigste aller Tiere; in der Gestalt der Schlange verführte der Teufel die Menschen zur ersten Sünde.

17,4 *Sekunda:* die vorletzte Klasse des Gymnasiums (von lat. »secunda« ›die zweite‹).

herunter transportieren: zurückversetzen.

17,33 *mein Tochter Gustchen:* Die neutrale Form des Poss.-Pron. muß auf den Eigennamen bezogen werden; der Geheime Rat hebt so die Anrede *Tochter* hervor.

Zweiter Akt

19,8 *Dero:* Diese alte Form des Gen. Pl. von »der« wurde seit dem 17. Jh. in der Anrede höherstehender Personen gebräuchlich; vgl. auch 20,27 und 48,23 *von der Führung Dero Herrn Sohns.*

19,11 *das all:* umgangssprachl. für »das alles«; ähnlich 29,22 *all etwas*, 43,18 *das Dings all* u. ö.

19,12 *alle sein Missvergnügen:* sein ganzes Mißvergnügen; besonders im Obd. konnte das Endungs-*s* von »alles« bei attributivem Gebrauch wegbleiben.

19,23 *wider alle Billigkeit:* ohne jede Berechtigung, gegen alle Gerechtigkeit.

19,24 *Lass es doch:* Eigtl. wäre ein Imperativ Pl. zu erwarten ›Lassen Sie‹ oder *Lasst* (20,29); doch benutzt Lenz die Sg.-Form auch 24,28 und 25,11 oder ähnlich 36,33 *Denk doch* statt »Denken Sie doch«.

19,29 *Tagdieben:* Faulenzen.

20,3 f. *sich in die Falten … hineinstudieren:* in den Gesichtszügen, den Mienen lesen lernen.

20,5 *Punsch:* »Getränk, welches aus Branntwein, sauren Säften, Zucker und Wasser bereitet und sowohl kalt als warm getrunken wird. […] Wir haben das Wort von den Engländern bekommen, bey welchen es aber auch nicht einheimisch ist, sondern mit dem Getränke aus Ostindien herstammet« (Adelung); vgl. auch Schillers »Punschlied«.

p-ss-n: In der Handschrift findet sich noch unzensiert »pissen«.

20,6 *das Laufen:* Gemeint ist hier wohl ›Durchfall‹.
20,22 *Käficht:* veraltete Nebenform zu »Käfig«.
20,23f. *Adel seiner Seele:* Besonders seit der Frühaufklärung wurde dem Standesadel ein moralisch begründeter Seelenadel entgegengesetzt. So heißt es in einem anonymen Aufsatz »Von dem Adel« (1751): »Der Stolz in den Gesinnungen ist die Tugend der Bürger welche eine adliche Seele besitzen.« (Zit. nach: Gerhard Sauder, »›Bürgerliche‹ Empfindsamkeit?«, in: »Bürger und Bürgerlichkeit im Zeitalter der Aufklärung«, hrsg. von Rudolf Vierhaus, Heidelberg 1981, S. 152.)
20,27f. *die Kondition aufsagten:* kündigen würde; von lat. »conditio« ›Bedingung‹.
20,36 *Anmutungen:* Zumutungen, Launen.
21,1 *Firnis:* ein feiner lackartiger Anstrich aus Harz, das in Öl und Alkohol aufgelöst wird, um den Farben eines Gemäldes zusätzlichen Glanz zu verleihen und es zugleich vor schädigenden äußeren Einwirkungen zu schützen.
21,5 *dampfigten:* von eitler Aufgeblasenheit (GWb).
21,6 *abgedämpften:* abgelebten, ausgedienten oder geschwächten, bezähmten, unterdrückten.
21,9 *Gewinst:* veraltete Nebenform zu »Gewinn«.
21,17 *in Lohn und Brot:* in einem festen Dienstverhältnis.
21,20 *zinsbar:* zinspflichtig, abhängig.
21,27 *Patron:* Schutzherr, Gönner; »im gemeinen Leben, jeder Obere, der unser Glück befördert« (Johann Ferdinand Roth, »Gemeinnütziges Lexicon für Leser aller Klassen«, Tl. 2, Nürnberg 1788, S. 226).
21,32 *dass Ihre selige Frau Ihr göttlicher Ruf war:* Der Pastor Läuffer hatte wohl, wie seinerzeit manch anderer, seine Pfarrstelle dadurch erhalten, daß er die Witwe seines Vorgängers geheiratet hatte – oder gar eine ehemalige Geliebte seines Herrn; vgl. Gottlieb Wilhelm Rabeners Satire (S. 75–77).
21,33 *Herrn von Tiesen:* Der Name erinnert an den einer Patin von Lenz, Baronin Catherine, Witwe von Tiesenhausen, geb. von Berg.

21,34 *Jemine!:* Ausruf des Erstaunens oder Erschreckens; von lat. »Jesus domine« ›Herr Jesus‹.

21,35f. *schwarzen Dunst vor Augen machen:* etwas Falsches vormachen, vorspiegeln; eigtl. »einen blauen Dunst«. Die Redensart »geht auf die alten Zauberkunststücke zurück, bei denen der Zauberkünstler vor seinen Tricks einen blauen Rauch aufsteigen ließ« (Röhrich, S. 217).

22,1 *wo er ihm:* dem er; relat. »wo« gebrauchte man besonders in südd. Mundarten.

22,4 *Laban:* Schwiegervater Jakobs, dem er zum Lohn für siebenjährigen Dienst seine Tochter Rahel zur Frau versprochen hatte; er gab ihm dann aber Lea, Rahels ältere Schwester. Erst nach weiteren sieben Jahren erhielt Jakob auch Rahel (vgl. 1. Mose 29).

22,6 *brave:* (frz. »brave«, ital., span. »bravo«) wurde vermutlich im Laufe des Dreißigjährigen Krieges in die Umgangssprache aufgenommen. Die urspr. Bedeutung von ›gut, tapfer‹ erweiterte sich um ›tüchtig, redlich, pflichtbewußt.‹

22,6f. *am Markt stehen lassen:* ohne Beschäftigung lassen. Am Markt boten beschäftigungslose Arbeiter ihre Dienste an; die Wendung geht wohl auf Mt. 20,3 zurück.

22,13 *Hugo Grotius:* eigtl. Hugo van Groot (1583–1645), bedeutender niederländischer Rechtsgelehrter und Staatsmann, Begründer des modernen Natur- und Völkerrechts.

22,18 *Geschmeiß:* Gesindel; von mhd. »gesmeize« ›Ungeziefer, Unrat‹.

taugt den Teufel zu nichts: taugt zu überhaupt nichts. Diese Wendung zum Ausdruck lebhafter Verneinung findet sich auch bei Goethe.

22,31 *Cholerikus:* Choleriker; aufbrausender, jähzorniger Mensch. Von lat. »cholericus« ›gallig‹; nach der antiken Temperamentenlehre verursacht ein Übermaß an Gallensaft Jähzorn.

rede gern von der Lunge ab: sage gern deutlich meine Meinung; vgl. die Redensart »frei von der Leber weg sprechen«.

23,1f. *zur öffentlichen Schul gehalten:* auf die öffentliche Schule geschickt.

23,7 *Subjecta:* Personen, Menschen; von lat. »subjectum« ›Gegenstand‹. Seit dem 17. Jh. als Bezeichnung besonders für Personen in abhängiger und untergeordneter Position.
so: hier noch in der heute veralteten Funktion als Relativpartikel statt »die«.

23,9 *verderbten:* verdorbenen; die schwache Nebenform war zu Lenz' Zeiten noch gebräuchlich.

23,12 *Grille:* Laune, Einfall, absonderliche Vorstellung.

23,14 *Mamsell:* zeitübliche Anrede für bürgerliche, unverheiratete, junge Frauen (vgl. 79,26) wie für weibliches Dienstpersonal; von frz. »mademoiselle« ›Fräulein‹.
ein ganzer Wisch: umgangssprachl. für ›eine ganze Menge‹; von mhd. »wisch« ›Bündel Heu, Stroh‹.

23,18 *zum Fonds der Schule schlagen:* der Schule zur Verfügung stellen; frz. »fonds« ›Grund und Boden; Gelder‹.

23,19 *salariert:* bezahlt; von mlat. »salariare« ›besolden, entlohnen‹.

23,23f. *Argusse:* Argus ist eine Gestalt der griechischen Sage; er hatte Augen am ganzen Körper und war von der eifersüchtigen Hera als Wächter der in eine Kuh verwandelten Io eingesetzt; übertragen nennt man einen mißtrauischen Aufpasser einen Argus.

23,24 *künstlich und manierlich:* geschickt und hinter guten Umgangsformen.

23,33f. *kein Gegenkompliment:* keine Erwiderung des Grußes; vgl. Anm. zu 8,27.

24,5 *Disput:* Wortstreit.

24,12 *das Faktotum:* ein Diener, der sich um die verschiedensten Dinge zu kümmern hat; von lat. »fac totum« ›mach alles‹.

24,13f. *Polyhistor:* Gelehrter mit umfassendem Wissen auf vielen Gebieten.

24,25 *mit sechzigen:* Im 18. Jh. wurden Kardinalzahlen gelegentlich noch flektiert; vgl. 52,7 *bis eilfe*.

24,26f. *subsistieren:* seinen Lebensunterhalt haben, auskommen.

24,28 *quittieren:* die Stelle, das Amt aufgeben.

24,36–25,1 *dahin zu vermögen:* hier ›dazu zu bringen‹.

25,5 *komme:* fortkomme.

25,8 *Königsberg:* Die ehemalige zweite, in Ostpreußen gelegene Hauptstadt des Königreichs Preußen (heute Kaliningrad) war mit ihrem Hafen und der Universität, an der Immanuel Kant lehrte und Lenz von 1768 bis 1771 studierte, der wirtschaftliche wie kulturelle Mittelpunkt der Region; um 1770 hatte die Stadt ewa 40000 Einwohner.

25,9f. *zum Karneval nach Venedig:* Die der vorösterlichen Fastenzeit (von mlat. »carne vale« ›Fleisch, lebe wohl‹) vorangehenden Tage, die Fastnachts- oder Faschingszeit, wird traditionellerweise mit besonderer Ausgelassenheit gefeiert; seit dem 15. Jh. erfuhr der Karneval besonders in Italien eine glanzvolle und sinnenfreudige Entfaltung. »Unter allen Carnevals ist das zu Venedig am meisten berühmt. [...] Man will versichern, daß bißweilen bis 30000 Fremde (worunter viel Fürstliche und andere Standespersonen sich ordentlich befinden) das Venezianische Carneval besuchen« (Johann Heinrich Zedler, »Großes Vollständiges Universal-Lexicon Aller Wissenschafften und Künste«, Tl. 5, Halle/Leipzig 1733, Sp. 898).

25,15 *Dem ohngeachtet:* veraltet für ›dessen ungeachtet‹.

25,20 *Aussichten in die selige Ewigkeit:* ironische Anspielung auf Johann Kaspar Lavaters (1741–1801) vierbändige religiöse Schrift »Aussichten in die Ewigkeit« (1768–1778).

25,25f. *Anwerbungen:* Bewerbungen, Bemühungen.

25,28ff. *Zweite Szene:* Diese Szene findet sich nicht in der erhaltenen Handschrift und entstand offenbar erst später. Ihre Aufgabe ist es, eine erste Annäherung zwischen Läuffer und seiner Schülerin anzudeuten, die dann in II,5 als Tatsache erscheint. Das nachträgliche Einfügen der Szene gelang jedoch nicht bruchlos; schon in seinem Brief gegen Ende von II,1 spielt Läuffer auf eine engere Beziehung zu Gustchen an, wenn er von seinen *Aussichten in eine selige Zukunft* (25,20) spricht, doch in der neuen

Szene ist die Beziehung noch sehr distanziert. Auch bleibt der Eindruck, als knüpfe die Szene II,5 direkt an das Ende von II,1 und die ablehnende Reaktion des Geheimen Rats auf Läuffers Brief an (vgl. 33,31 f.).

26,1 *Ihren Brief:* Es bleibt unklar, was für einen Brief Läuffer hier meint. Ein heimlicher Briefwechsel zwischen Fritz und Gustchen, bei dem Läuffer als Zwischenträger fungiert, woran man zunächst denken möchte, würde der Klage Gustchens widersprechen, Fritz habe sich an das Briefverbot seines Vaters (vgl. 17,20–26) gehalten (vgl. 35,5–8). Aber auch den gegen Ende von II,1 erwähnten Brief an den Vater kann Läuffer kaum meinen; denn obgleich er über diesen Brief mit Gustchen offenbar gesprochen hat (vgl. den Beginn von II,5), so schließt doch die zu Beginn von II,2 noch bestehende Distanz zwischen beiden aus, daß der Brief etwa auf Gustchens Betreiben hin geschrieben wurde; nur das aber könnte das Poss.-Pron. »Ihren« rechtfertigen.

26,7 *tiefsinnig:* hier ›trübsinnig, schwermütig‹.

26,17 *Schnuppen:* Schnupfen.

erstaunende: erstaunliche, außerordentliche; vgl. auch 49,1 f. *die erstaunenden Verführungen.*

27,2 *Halle:* In Halle an der Saale bestand seit 1694 eine Universität; sie errang bald und in Konkurrenz zur Nachbaruniversität im nahen Leipzig große Bedeutung in der Theologie, wo sie durch August Hermann Francke (1663–1727) zum Mittelpunkt des Pietismus und durch Christian Thomasius (1655–1728) und Christian Wolff (1679–1754) zum Zentrum der Philosophie der Aufklärung wurde.

27,7 *braven Kerl:* vgl. Anm. zu 22,2.

27,15 *Hundertachzig Stunden von ihr entfernt:* Eine Wegstunde entspricht etwa der Entfernung von 5 km und die Angabe der Entfernung damit annähernd der tatsächlichen Distanz von etwa 860 km zwischen Halle und Insterburg.

27,17 f. *besponnen:* bei Geld; Ausdruck der Studentensprache.

27,19f. *ein Jahr in Halle:* Der Geheime Rat hatte demnach seine Drohung wahr gemacht (vgl. 16,14f.) und Fritz ein Jahr länger die Schule besuchen lassen.

27,26 *Bruder:* zeitgenössische Anrede unter Studenten.

27,27 *Philister:* Dieser Name eines Nachbarvolkes der Israeliten an der Mittelmeerküste in Südpalästina wurde seit dem 17. Jh. ein Ausdruck der Studentensprache für »alles, was nicht Student ist; insonderheit werden Bürger, welche Studenten im Hause wohnen haben, so genannt. [...] Sobald der Bursche die Universität verläßt und Kandidat wird, sobald wird er auch Philister« (Christian Wilhelm Kindleben, »Studenten Lexicon«, Halle 1781; Nachdr. Leipzig 1892, S. 143).

27,32f. *Wechsel:* hier ›Geldanweisung, in der Regel der Eltern, zur Bestreitung der Lebensunterhalts- und Studiumskosten‹.

28,4 *steht noch zu Gevattern:* in der zeitgenössischen Studentensprache für ›ist noch verpfändet‹. Diese Redensart ist abgeleitet von der Verpflichtung eines Gevatters oder Paten gegenüber einem Täufling, dafür zu bürgen, daß dieser im christlichen Glauben erzogen wird.

28,8 *invitieren:* einladen.

28,13 *in den Hundstagen:* Die Zeit zwischen dem 23. Juli und dem 23. August, meist die heißeste Zeit eines Jahres, steht nach traditioneller astrologischer Vorstellung unter dem Einfluß des Sternbildes Großer Hund.

28,16 *wie ich meinen Leute umspringe:* Die zu erwartende Präp. »mit« fiel wohl nur versehentlich im Druck weg; in der Handschrift steht sie noch, wenn auch in einer etwas anderen Verbindung; es heißt dort »wie ich mit meinen Philisterleuten abfahre«.

28,18f. *breiter tun:* umgangssprachl. ›vornehmer tun‹, mehr beanspruchen.

28,21f. *Das Wetter soll dich regieren:* »Wetter, Donner« erscheinen häufig in verwünschenden Wendungen, ähnlich wie »Henker« (vgl. Anm. zu 11,16), anstelle von vermiedenem »Teufel« oder direkter Benennung des strafenden »Zorn Gottes«; vgl. auch 44,20 *das*

Wetter soll dich zerschlagen oder 59,6 *Dass dich das Wetter!*

28,25 *abgeschabte Laus:* lumpiger, erbärmlicher Mensch; »Laus« als Bestandteil von Schimpfworten fügt den Nebensinn starker Verächtlichkeit bei; vgl. auch 28,30 *lausichter Kerl* und 63,12 *Lausejungen.*

28,28 *Zwieback:* »zweymal gebackenes und daher sehr trockenes Brot, so wohl von grobem Mehle für die Soldaten, Matrosen u. s. f. als auch von feinem Mehle, Eyern und Zucker zur Nascherey« (Adelung).

28,29 *kleine Steine dir:* Hier etwa ›du brauchst keinen Zwieback‹; vgl. die Redensart »kleine Steine vertragen können«, die soviel bedeutet wie ›einen guten Magen haben, auch Schweres vertragen können‹ (nach Röhrich, S. 1013).

28,30 *lausichter:* veraltet für »lausiger«.

28,32 *Was tausend alle Welt!:* wohl zusammengezogen aus den beiden Ausrufen »Potz tausend!« (vgl. Anm. zu 6,23) und »Was in aller Welt!«

29,1 *Posaunenkerl:* Scheltwort wie ›Schreihals, Großmaul‹.

29,2 *Nu:* umgangssprachl. für ›nun‹.

29,5 *Aye!:* (engl.) Ausruf der Zustimmung.

29,17 *einlogieren:* einziehen; von frz. »loger« ›wohnen‹; vgl. auch 76,1 *logiert.*

29,21 *ein gut fidel Weib:* Zur flexionslosen Form der Adjektive vgl. Anm. zu 5,24. – Für *fidel* (von lat. »fidelis« ›treu‹) erscheint in der Studentensprache um 1750 die Bedeutung ›lustig, munter‹.

29,23 *kusch … wie die Wand:* hier im Sinne von ›still, stumm wie eine Wand‹; *kusch* ist eigtl. der Zuruf an einen Hund, sich zu legen und still zu sein; von daher übertragen als Befehl an eine Person, sich zu fügen und zu schweigen (von frz. »couche!« ›leg dich nieder!‹).

29,25 *was Rechts:* einen recht ordentlichen Preis; in der Handschrift heißt es noch einfach »viel«.

29,30 *Kaffeezeug:* Kaffeegeschirr.

29,31 *Gerstenkaffee:* Echter Kaffee war im 18. Jh. noch ein Luxusgetränk; deshalb begnügte man sich oft mit einem

Ersatzkaffee oder braute das Getränk aus einer Mischung von echtem Kaffee und einem Ersatzmittel; eines der besten gewann man aus Gerste, indem man die Körner wie Kaffeebohnen trocknete und röstete.
Gulden: Neben dem Taler war der Gulden bis ins 19. Jh. die verbreitetste Silbermünze (urspr. eine Goldmünze) im Deutschen Reich. Im Wert lag er etwa um ein Drittel niedriger als der Taler (vgl. Anm. zu 11,27). – Um 1798 gaben Studenten 600–1200 Gulden pro Jahr für ihre Lebenshaltungs- und Studiumskosten aus (vgl. Werner, S. 283).

30,9 *in Karzer:* Zur Auslassung des Art. nach Präpositionen vgl. S. 5. Der *Karzer* diente früher als besonderer Arrestraum an Universitäten und Schulen; von lat. »carcer« ›Gefängnis, Kerker‹.

30,15 *kreditieren:* Kredit geben, borgen.

30,18f. *dem schlüg ich das Leder voll:* umgangssprachl. ›den würde ich verprügeln‹; ähnlich 31,19 *Wollen wir ... ihm die Haut vollschlagen.*

30,23 *Ahndungen:* Im ausgehenden 18. Jh. wurde dies vorübergehend die übliche Schreibweise für »Ahnung«.

30,24 *Döbblinsche Gesellschaft:* Carl Theophil Döbbelin (1727–93) war zunächst Schauspieler und wurde dann einer der bedeutendsten Theaterleiter seiner Zeit. Er leitete zeitweilig das Theater in Erfurt und Weimar, bevor er 1775 die Nachfolge Kochs (vgl. Anm. zu 9,9) in Berlin übernahm; mit seinen Theatergruppen gastierte er daneben an vielen Orten Deutschlands.

30,25 *in die Komödie:* hier nach französischem Sprachgebrauch in allgemeiner Bedeutung ›ins Theater, Schauspiel‹.

30,35 *der Jude:* »figürlich und im verächtlichen Verstande, ein unrechtmäßiger Wucherer« (Adelung); über Jahrhunderte lag besonders der kleinere Geldhandel vielfach in jüdischen Händen, da Juden andere Geschäfte oft untersagt waren.

30,35f. *zum Versatz:* als Pfand gegen eine Geldsumme.

30,36 *weil sich der Wurm leicht hineinsetzt:* bildlich für ›weil er leicht verdirbt‹.

31,1 *Hanke, Hanke!:* Wohl ein fiktiver Name; in der Handschrift schwankte Lenz noch zwischen den Namen »Dalio«, von ihm gestrichen, und »Stange«.

31,6f. *Hunz und Kunz:* jedermann, alle Leute; Variante zu »Hinz und Kunz«, zwei ehemals sehr verbreitete Namen (Hinz für ›Heinrich‹, Kunz für ›Konrad‹), womit man seit dem Mittelalter abwertend das gemeine Volk schlechthin bezeichnete.

31,16 *silberstücknen:* »Silberstück« nannte man einen teuren Kleiderstoff, »dessen Grund aus Silberfäden bestehet, worauf Blumen von Seide mit ihren natürlichen Farben gewirkt sind« (Adelung).
rotsammetne: aus rotem Samt; »Sammet« ist eine ältere Schreibweise für »Samt«.

31,35 *ausgetrummelt:* umgangssprachl. für ›ausgetrommelt‹, öffentlich durch einen Trommler bekanntgemacht.

31,36 *wütige:* tollwütige.

32,3 *Das machen die Hundstage:* Das kommt von der Hitze; vgl. Anm. zu 28,13.

32,5 *mit allem Fleiß:* mit Absicht und Vorsatz.

32,11 *Gesellschaft:* hier ›Theatergesellschaft, Schauspielertruppe‹.

32,12 *Schmieralien:* Schreibzeug; diese Ableitung von »schmieren« mit der lateinischen Wortbildungssilbe *-ale* ist seit dem 16. Jh. in Schreiber- und Studentenkreisen belegt.
auf den Abend: gegen Abend, am Abend; vgl. auch 70,13.

32,13 *»Minna von Barnhelm«:* Döbbelin (vgl. Anm. zu 30,24) hatte Lessings Lustspiel »Minna von Barnhelm oder Das Soldatenglück« (1767) seit 1786 in seinem Repertoire; Lenz hatte möglicherweise Aufführungen des Stücks durch Döbbelin in Königsberg oder in Leipzig gesehen (vgl. Genton. 1966, S. 22).

32,25 *es soll dir zu Hause kommen!:* es soll dir vergolten, heimgezahlt werden (nach Wander II, Sp. 423); vgl. auch 68,18f.

32,32 *so:* veraltet für temporales »da«.

32,33 *durch Spießruten gejagt:* Das Spießrutenlaufen war bis ins 18. Jh. eine grausame militärische Strafe, bei der Soldaten, die sich schwer vergangen hatten, mit entblößtem Rücken durch zwei Reihen von Soldaten laufen mußten, die sie von links und rechts mit angespitzten Ruten schlugen; in Preußen wurde diese Strafe erst 1806 abgeschafft.

33,2 *Schubb:* Schubs, Stoß.

33,6 *worden:* geworden. – Lenz läßt das Partizipalpräfix *ge-* mehrfach weg (vgl. 67,7 *ist ... kommen*, 78,16 *fortgangen*, 78,17f. *hat mich aufgeben* u. ö.).

33,9 *aus dem hitzigen Fieber:* Früher nannte man einen plötzlichen und mit hoher Temperatur verbundenen Fieberanfall ein ›hitziges Fieber‹.

33,21 *sei'n:* hier verkürzte Konjunktivform statt »seien«.

33,27 *Fünfte Szene:* Diese Szene weicht stark von der handschriftlich überlieferten Fassung ab; vgl. Kap. III.

34,10 *in die Lehre:* In der Handschrift heißt es noch deutlicher »in die Präparantenlehre«; gemeint ist der vorbereitende Katechismusunterricht vor dem ersten heiligen Abendmahl.

34,17 *Herrmannchen:* In der Handschrift wird Läuffer noch »Peterchen« genannt; mit der Namensänderung gewann Lenz eine weitere Variante zur Diminutivform von »Mann« (vgl. Anm. zu 46,9) und spielte vielleicht auch ironisch auf den wachsenden Hermann-Kult an. Der Germanenfürst Hermann der Cherusker, der im Jahre 9 n. Chr. ein römisches Heer im Teutoburger Wald schlug, wurde ab der 2. Hälfte des 18. Jh.s zunehmend zur Symbolfigur nationaler Selbstbestimmung und Stammestreue; vgl. u. a. Klopstocks »Hermanns Schlacht« (1769) und Kleists »Die Hermannsschlacht« (1808).

34,31 *Pantomime:* (griech.) hier ›Geste, Gebärde‹.
O Romeo!: vgl. Anm. zu 13,31 und 14,3.

35,6f. *die Liebe setzt über Meere und Ströme:* vgl. Shakespeare, »Romeo und Julia«: »For stony limits cannot hold love out, / And what love can do, that dares love attempt.« (II,2,65f.) und »I am no pilot; yet, wert thou as far / As that vast shore washed with the farthest sea, / I should adventure for such merchandise.« (II,2,82–84.)

35,8 f. *besorgtest du für mich:* warst du um mich besorgt.

35,10 *schröcklicher:* veraltete Nebenform statt ›schrecklicher‹; vgl. auch 77,34 *Schröcken*.

35,13 *Abälard:* Der scholastische Philosoph Pierre Abélard (1079–1142) hatte als Hauslehrer seine Schülerin Heloïse verführt und nach der Geburt eines Sohnes geheiratet. Wegen seiner theologischen Laufbahn aber sollte diese Verheiratung geheimgehalten werden. Als sich Heloïses Vormund nicht an diese Abmachung hielt, ging sie, um die Gerüchte zu entkräften, in ein Kloster. Da meinte ihr Vormund, Abélard wäre seiner Frau überdrüssig geworden, und ließ ihn überfallen und entmannen. Der Briefwechsel zwischen Abélard und Heloïse gilt als bedeutendes historisches und literarisches Dokument.

35,16 *»Die neue Heloise«:* Jean-Jacques Rousseaus damals vielgelesener Roman »Julie ou la Nouvelle Héloïse« (1761; dt. 1762), in dessen Mittelpunkt die Liebesbeziehung eines bürgerlichen Hauslehrers zu seiner adligen Schülerin steht.

35,17 f. *Schulstube:* Gemeint ist das Zimmer, in dem der Unterricht gehalten wurde.

35,27 *Zu Ihrem Befehl:* zeitgenössische Höflichkeitsfloskel.

35,31 *auf unsre Hand:* versichernde Wendung wie ›das dürfen Sie uns glauben‹.

35,32 *Bouteillen:* Flaschen.

36,5 *Piquet:* Kartenspiel für zwei Personen.

36,7 *Touren:* hier ›Rundgänge‹.

36,8 *Fontenelle:* »In der Arzneykunst, ein künstliches Geschwür, die bösen Feuchtigkeiten aus dem menschlichen Körper abzuziehen« (Adelung).

36,10 *Ökonomie:* hier: ›Landwirtschaft‹.

36,11 *ausgeschlagenen:* geschlagenen; eigtl. ›bis zum letzten Glockenschlag am Abend‹.

36,15 *melancholisch:* schwermütig, trübsinnig; von griech. μελάγχολος ›schwarzgallig‹. Nach antiker und mittelalterlicher Gemütslehre entsteht Melancholie, wenn ›verbrannte‹ Galle ins Blut dringt.

36,25 *Pietist:* Anhänger einer protestantischen, im 18. Jh. besonders in Mitteldeutschland verbreiteten Erwekkungsbewegung, die eine gefühlsbetonte Frömmigkeit und tätige Nächstenliebe propagierte. Die schwärmerische, oft als frömmelnd empfundene Art der Pietisten wird in der zeitgenössischen Literatur immer wieder verspottet; vgl. etwa Gellerts Lustspiel »Die Betschwester« (1745).

36,26 *Quacker:* Üblicher ist die Bezeichnung »Quäker«; Anhänger einer protestantischen, aus der puritanischen Bewegung hervorgegangenen Glaubensgemeinschaft, die im 17. Jh. in England entstand.

36,33 *Denk doch:* vgl. Anm. zu 19,24.

37,1 *Nachtwämschen:* Nachtjäckchen; »Wams« oder »Wämschen« nannte man »eine kurze Bekleidung des Leibs, welche man unter dem Mantel trug, den Leib bis auf die Hüfte bedeckte, und Ärmel und kurze Schöße hat« (Adelung).

37,5–7 *wie der Heautontimorumenos in meiner großen Madame Dacier abgemalt:* Der Heautontimorumenos (griech., ›Selbstquäler‹), ein Charakter der gleichnamigen Komödie des römischen Dichters Terenz (um 190–159 v. Chr.), bestraft sich selbst aus Kummer über das von ihm verschuldete Schicksal seines Sohnes mit harter Feldarbeit. Anne Lefèvre-Dacier (1654–1720) hatte die Lustspiele des Terenz ins Französische übersetzt. Vgl. Abb. S. 33.

37,21 *scharren:* Geld zusammenscharren, sparen.

37,22 *auszumachen:* hier in der Bedeutung ›ausfindig zu machen‹.

37,24 *Doktor Würz ... aus Königsberg:* wohl ein fiktiver Name; in der Handschrift hieß der Arzt noch »Swift«, wohl nach dem englischen Satiriker Jonathan Swift (1667–1745).

37,26 *nimmer nichts:* umgangssprachl. doppelte Verneinung, die die Verneinung verstärkt.

Abb. zum Heautontimorumenos (›Selbstquäler‹) aus der Ausgabe »Les Commedies de Terence«, übersetzt von Anne Lefèvre-Dacier, Rotterdam 1717

37,27 *abfällt:* abmagert.

37,28 *den ganzen Plunder:* Da dem Major die Worte fehlen, gebraucht er einen allgemeinen Begriff, der hier so viel wie ›alles‹ bedeutet (vgl. Anm. zu 10,23); in der Handschrift spricht er an dieser Stelle etwas deutlicher von »Annehmlichkeiten«, und später, in einem ganz ähnlichen Zusammenhang, nennt er Gustchens liebenswerte Eigenschaften ebenso vage und pauschal *das Dings all* (43,18).

37,30 *der arme Lazarus:* Im Gleichnis vom Reichen und Armen (Lk. 16,19–31) liegt der mit Geschwüren bedeckte Lazarus ungestillt vor der Tür des reichen Prassers.

37,31 *Es frisst mir die Leber ab:* Es nimmt mir die Lebensfreude, zerstört mir das Leben. In der Handschrift schreibt Lenz noch »das Leben«; bis zur Entdeckung des Blutkreislaufes galt die Leber neben dem Herz als der Sitz des Lebens.

38,6 *zum Gesicht herausgeschlagen:* im Gesicht, äußerlich anzusehen; abgeleitet von der Wendung »die Blattern (bei einer Pockenerkrankung) schlagen heraus«.

38,7 *schalu über:* eifersüchtig, neidisch auf (von frz. »jaloux«).

38,11 *Kollektion:* Sammlung, Auswahl.

38,11 f. *Sottisen:* beleidigende Äußerungen, Grobheiten.

38,20 *mit alledem:* trotz aller Umstände.

38,20 f. *infam:* unehrenhaft, niederträchtig.

38,21 f. *ins Karzer:* im 18. Jh. wurde *Karzer* (vgl. Anm. zu 30,9) als Mask. wie auch Neutr. flektiert.

38,22 *sein:* seiner; besonders im Obd. gebräuchlicher Gen. für das Pers.-Pron.

38,25 *gut für ihn gesagt:* für ihn gebürgt.

38,26 *wo:* falls, wenn.

38,29 *verhenkerter:* umgangssprachl. Ausdruck, um härteres »verteufelter« zu vermeiden; vgl. Anm. zu 11,16.

39,2 *sieben Weisen Griechenlandes:* So bezeichnet man sieben Herrscher und Gesetzesgeber Griechenlands aus dem 7. und 6. Jh. v. Chr., von denen auch Lebensweisheiten in Form kurzer Merksprüche seit der Antike überliefert werden. Platon nennt folgende sieben Namen: Thales von Milet, Pittakos von Mytilene, Bias von Prine, Solon von Athen, Kleobulos von Lindos, Myson von Chenai und Chilon aus Sparta.

39,2f. *für Bürgschaften sollst du dich in Acht nehmen:* Dieser Merkspruch wird dem griechischen Philosophen Thales von Milet (6. Jh. v. Chr.) zugeschrieben.

39,5 *lüderliche:* zeitgenössische, bei Lenz übliche Nebenform zu »liederlich«.

39,10 *einen … Bock gemacht:* einen Fehler, eine Dummheit gemacht; die Redensart geht auf die frühere Sitte der Schützengilden zurück, dem schlechtesten Schützen als Trostpreis einen Bock zu überreichen (vgl. Röhrich, S. 148).

39,14 *Kreditores:* (lat.) Gläubiger.

39,15 *wegstecken:* hier ›gefangen setzen, in das Schuldgefängnis werfen‹.

39,18f. *Kaventen:* (lat.) Bürgen.

39,19 *Langes und Breites:* des Langen und Breiten, ausführlich.

39,22 *prostituieren:* hier ›bloßstellen, in Verruf bringen‹.

39,24 *Mauren:* veraltete Nebenform statt »Mauern«.

39,29 *mit seinem guten Willen:* freiwillig, mit Absicht.

39,33 *Säkulum:* (lat.) Jahrhundert.

40,4f. *Präzeptores:* (lat.) Lehrer.

40,12f. *einen verlornen Sohn:* Anspielung auf das biblische Gleichnis vom verlorenen Sohn (vgl. Lk. 15,11–32). Zur exemplarischen Bedeutung dieses Gleichnisses für die Anlage der Konflikte gerade dieses Stückes und für das Werk von Lenz überhaupt vgl. Schöne, S. 92–138.

40,34 *Hundert Meilen:* Eine deutsche Landmeile entspricht 7,5 km.

Ihr Diener: Indem sich Pätus an von Seiffenblase und dessen Hofmeister wendet, wechselt er zu einer respektvollen Anredefloskel; vgl. auch 65,15 *ergebener Diener.*

40,36 *gut für mich denkst:* gut über mich denkst.

41,6 *Pedell:* hier noch der Diener eines Universitätsgerichts, der die Parteien vor Gericht lädt; in weiterer Bedeutung dann der Hausmeister an einer Universität oder Schule.

41,32 *Sekundant:* (von lat. »secundus« ›geleitend, hilfreich‹) Beistand, Zeuge bei einem Zweikampf, Duell.

41,34 f. *eins übern Daumen pisse:* wohl eine derbe, studentensprachliche Variation zur Wendung »über den Daumen peilen«, etwa in dem Sinne ›den Gegner abschätzen‹; eventuell meint es aber auch direkt ›das Wasser abschlagen‹.

41,36 *sekundiere dich:* hilf dir selbst; vgl. Anm. zu 41,32. Der reflexive Gebrauch des Verbs ist unüblich und hier spöttisches Wortspiel zum Wunsch von Pätus, als Sekundant an dem Duell teilnehmen zu wollen.

Dritter Akt

43,7 *so lang mehr:* so lange noch, noch oft.

43,18 *das Dings all:* Umgangssprachl. erscheint *Dings* seit dem 16. Jh. und »wird gebraucht, wenn man den Namen einer Person, Sache, eines Orts nicht nennen will, oder wenn man nicht kann, weil man ihn gar nicht oder in dem Augenblick nicht weiß. Jedes Geschlecht ist dabei zulässig« (GWb.).

43,26 *Bataillen:* (frz.) Schlachten.

43,27 *Blessuren:* Verwundungen.

44,2 f. *Vater Berg:* Ähnlich wie die Selbstquäler-Figur des Terenz (vgl. Anm. zu 37,5–7) flüchtet sich der Major aus Kummer über den Zustand seines Kindes und aus Zorn über seine Frau in harte Feldarbeit; zugleich klingt hier aber auch ein Motiv der aufklärerischen Zivilisationskritik an, die Mahnung, zu einem ursprünglicheren, naturnäheren Leben zurückzukehren.

44,12 f. *Infamie:* Niedertracht, Unverschämtheit; Schande, Schmach.

44,28 *arbeitet:* hier ›müht sich‹.

44,29 *beunmündig:* Das Verb »beunmündigen« statt »entmündigen« ist sonst nicht belegt und scheint eine zeittypische Neubildung von Lenz zu sein; vgl. auch 67,17 *bevaterchen*. Ähnliche Neubildungen mit dem Präfix *be* finden sich auch bei Klinger und Wagner.

44,30f. *ein Exempel statuieren:* ein abschreckendes Beispiel geben; auf eine Person bezogen ›jmdn. anderen zur Warnung bestrafen‹.

44,31 *Gott hat mich bis hieher erhalten:* Die Worte erinnern an die Eingangsstrophe des protestantischen Kirchenliedes »Bis hierher hat mich Gott gebracht«, dessen Text von Ämilie Juliane Gräfin Schwarzburg-Rudolstadt (1637–1706) stammt.

44,34 *vom Theater:* von der Bühne.

45,5 *lineiert:* zieht Linien.

45,7 *steht mir nach dem Leben:* stellt meinem Leben nach, will mich töten.

45,10f. *und wollen:* Vor *wollen* ist als neues Subjekt ein »sie« einzufügen; ähnlich wechselt 45,18 die Satzkonstruktion, wo ein »wir« zu ergänzen ist.

45,14 *Vorschrift:* hier ›Muster, Vorlage zum Nachschreiben‹.

45,23 *rot und weiß:* Zur Bedeutung des *rot und weiß*-Motivs, mit dem Wenzeslaus im folgenden immer wieder spielt, vgl. das »Lied über weiß und rot« aus Shakespeares Komödie »Love's Labour's Lost« (I,3), die Lenz unter dem Titel »Amor vincit omnia« (1774) übersetzt hatte (»Anmerkungen übers Theater, Shakespeare-Arbeiten und Shakespeare-Übersetzungen«, S. 50f.):

»ARMADO: Meine Liebste ist ohne Flecken, weiß und rot.

MOT.: Unter den Farben sind oft die beflecktesten Gedanken verborgen.

[...]

MOT.: Wenn sie ist weiß und rot zugleich,
Ihr Fehl bleibt unbekannt.
Denn das Gewissen machet bleich,
Und Scham die Wang entbrannt.
Jetzt ob sie noch so sehr sich schämt,
Es kommt nicht an das Licht,

Bei jeglichem Gewissen strömt
Das Blut ihr zu Gesicht.

45,25 *zu dem Unstern:* in diese unglückliche Lage; das gegen Ende des 16. Jh.s aufgekommene Wort statt früherem »Unglücksstern« spiegelt den astrologischen Aberglauben an den schicksalbestimmenden Einfluß der Sterne.

45,27 *einbilden:* hier noch in der älteren Bedeutung ›vorstellen‹; umgangssprachl. konnte das Verb auch nicht-reflexiv gebraucht werden: jmdn. bewegen, »eine ungegründete Sache für wahr [zu] halten« (Adelung); so verwendet es Lenz 83,1 f.: *Bild Er mir's nicht ein.*

45,29 *hastigen:* leicht erregbaren.

45,30 *Cholera:* eigtl. Gallensucht, hier: Jähzorn; vgl. Anm. zu 22,31. – Wenzeslaus unterstreicht mehrfach seine Gelehrsamkeit, indem er in seine Rede einen griechischen oder lateinischen Begriff oder gar ganzen Satz einflicht; vgl. etwa 46,16, 47,26, 51,28 f., 61,9 u. ö.
Sie: Vorübergehend wechselt Wenzeslaus nun die Anrede vom »Er« zum respektvolleren »Sie«; am Ende der Szene aber, als er sich über Läuffers eitlen Stolz ärgert, kehrt er zum etwas abschätzigeren »Er« zurück, um Läuffer in seine gesellschaftlichen Schranken zu weisen. In Szene III,4 überwiegt dann die »Ihr/Euch«-Anrede, zeitüblich unter Gleichgestellten.

45,32 *die Bursche:* Noch Adelung nennt diesen Pl. statt der jetzt allgemein gebräuchlichen schwachen Form »Burschen«.

45,35–46,1 *Einfluss in alles, auf die Sitten:* Im 18. Jh. konnte Einfluß mit beiden Präpositionen verbunden werden, während heute nur noch die Verbindung mit »auf« üblich ist.

46,9 *Mandel:* Auch dieser Name ist, wie viele im Stück, ein sprechender, der an bayer. »Mandel« für »Männlein« anklingt; mit diesem etwas abschätzigen Diminutiv, das Läuffer hier sogar auf sich selbst anwendet, wird er mehrfach direkt oder indirekt charakterisiert; vgl. 5,27 *Männichen*, 34,17 *Hermannchen* und 89,33 f. *homuncio.* – Petrich (1987, S. 287) deutet den Namen *Mandel* nach Kluge als eine Zusammenziehung des hebräischen Namens »Immanuel« (›Gott mit uns‹).

46,13 *Mandelblüte:* Wenzeslaus' Deutung von Läuffers Namen greift zum einen das *rot und weiß*-Motiv auf (vgl. Anm. zu 45,23), bringt ihn dann aber auch mit der sinnbildlichen Bedeutung des Mandelbaums in Verbindung, wie sie noch das Barock kannte. Danach galten die bitteren wie süßen Früchte des Mandelbaums als Symbol für das Opfer Christi, für dessen Leiden wie die Auferstehung, oder – auf die Vorstellungen von Wenzeslaus übertragen – für diesseitigen Verzicht und Buße wie die Aussicht auf eine ewige Seligkeit (vgl. Mattenklott, S. 154 ff.).

46,16 *unus ex his:* (lat.) einer von denen.

46,17 *mit Rosen und Lilien überstreut:* Diese Wendung bezeichnet einen genußvollen und glücklichen Zustand; sie geht zurück auf die antike Sitte, Gäste bei einem Festmahl mit Rosenblüten zu bestreuen. Gewöhnlich nennt die Redensart nur Rosen; indem Wenzeslaus sie um *Lilien* erweitert, variiert er erneut das *rot und weiß*-Motiv; die Verbindung »Rosen und Lilien« erscheint häufig in Dichtung und Volkslied, mit verschiedenen Bedeutungsnuancen, die hier z. T. sicherlich auch mitschwingen (vgl. etwa die Stichworte »Rose« und »Lilie« bei Röhrich).

46,30 *Zirkulation:* hier ›Kreislaufbewegung‹.

46,36 *Tressen:* Besatz, Borte mit Gold- oder Silberfäden durchwirkt; auch als Rangabzeichen bei Uniformen (vgl. 86,21); s. auch 51,5 *im betressten Rock.*

47,11 f. *zu morsch Pulver-Granatenstücken:* Dieser bildlichen Ausdrucksweise entspricht heute die blassere Wendung »kurz und klein«; »morsch« gebrauchte man nach Adelung umgangssprachl. »als ein Nebenwort allein, von Dingen, welche plötzlich und gänzlich zerbrochen werden«, abgeleitet von spätmhd. »mürsen« ›zerstoßen‹.

47,15 *als:* Noch durch das ganze 18. Jh. diente *als* als allgemeine Vergleichskonjunktion und wurde erst in neuerer Zeit von »wie« verdrängt.

47,21 *Passionen:* Leidenschaften.

47,26 *Efferveszenz:* Aufwallung.
47,27 *tumultuarisches:* aufrührerisches, wildes.
48,2 *Monsieur Jungfernknecht:* Franzosen galten traditionell als besonders galante Liebhaber; die französische Anrede unterstreicht daher das anschließende Scheltwort, womit man allzu heftige Verehrer junger Frauen bedachte.
48,3f. *jungen Siegfrieds:* Anspielung auf den Helden des Nibelungenlieds und des Volksbuchs vom »Gehörnten Siegfried«; hier zur Bezeichnung eines jungen, draufgängerischen Mannes.
48,6 *Bube:* Knecht; von mhd. »buobe« ›Knabe, jugendlicher Diener‹.
48,10f. *drauf angesehen:* begehrt; vgl. Mt. 5,28: »Wer ein Weib ansieht, ihrer zu begehren [...].«
48,17 *Göttingen:* Die 1737 in Göttingen gegründete Universität errang rasch Bedeutung und galt am Ende des Jh.s als eine der angesehensten Universitäten.
48,24 *umständliche:* im 18. Jh. noch in positiver Bedeutung ›ausführliche, eingehende‹.
49,5 *Groschen:* gebräuchliche kleine Silbermünze; 24 Groschen hatten den Wert von einem Taler (vgl. Anm. zu 11,27).
und er: ellipt. ›und wenn er‹.
49,21 *Der Hohepriester Eli:* Von Eli wird im Alten Testament berichtet, daß er böse Söhne hatte (1. Sam. 2,12ff.); er starb hochbetagt, indem er vom Stuhl fiel und sich dabei den Hals brach (ebd. 4,18).
49,29 *Damon und Pythias:* Die Treue der beiden Freunde zueinander gilt als beispielhaft; der antike Stoff wurde bis in die Neuzeit mehrfach bearbeitet; am bekanntesten wurde Schillers Ballade »Die Bürgschaft« (1799).
49,33 *Erzrenommisten:* Aufschneider, Prahler; in der Studentensprache des 18. Jh.s auch für ›Raufbold‹, (vgl. auch Zachariaes satirisches Versepos »Der Renommiste« (1744).
50,16 *ungedeckten Tisch:* hier ›Tisch ohne Tischdecke‹.
50,21 *Kapaunenbraten:* von mhd. »kappûn« ›verschnittener und gemästeter Hahn‹.

50,23 *du bist ein –:* In der Handschrift schreibt Lenz noch anstelle des Gedankenstrichs »Hundsfut«; das Wort meint urspr. das Geschlechtsteil einer Hündin, seit dem 16. Jh. ist es als Schimpfwort für eine verächtliche, schamlose Person gebräuchlich; Lenz schreibt sowohl *Hundsfott* (63,26) wie *Hundfutt* (66,10) und benutzt auch das Adj. *hundsföttisch* (50,27 u. ö.).

50,28 *Ignorant:* Unwissender, Dummkopf

51,1 *in Sack stecke:* verdiene.

51,21 *visitieren:* durchsuchen.

51,21 f. *potz Millius:* latinisiertes »potz tausend«; vgl. Anm. zu 6,23.

51,23 *zu laxieren:* um abzuführen, um den Stuhlgang zu beschleunigen.

51,28 f. *ἄριστον μὲν το ὕδωρ:* das Beste ist das Wasser; Anfang der »1. Olympischen Ode« des griechischen Dichters Pindar (518–438 v. Chr.).

51,32 *der große Mogul:* europäische Bezeichnung für die islamischen Herrscher Indiens (1526–1857); der Titel stand sprichwörtlich oft für deren sagenhaften Reichtum und prächtigen Lebensstil.

52,5 *böse Luft:* schlechte, krankmachende Luft.

52,7 *bis eilfe:* bis elf Uhr; vgl. Anm. zu 24,25.

52,16 *Tabagie:* (frz.) Rauchstube, Tabaksladen.

52,25 f. *meinen Buben ... lehren:* Lenz verbindet ›lehren‹ sowohl mit dem Akk. (vgl. in derselben Zeile *ich lehre sie*) als auch, wie hier, noch mit dem Dat. der Person (vgl. 67,35).

53,7 *satt überhörig:* ungehörig satt, mehr als satt; von mhd. »überhoeric« ›ungehorsam, ungehörig‹.

53,13 *Tobak:* von engl. »tobaco«; im 18. Jh. die übliche, jetzt aber veraltete und nur umgangssprachl. noch gebräuchliche Form für ›Tabak‹.
narkotisches: betäubendes.

53,16 *ins Kamin:* Als Neutrum wurde »Kamin« nach Adelung besonders im Obd. flektiert.

53,24 *Allons!:* (frz., »Gehen wir!«) Auf! Vorwärts!

53,27 *in der Latinität:* in der lateinischen Sprache.

53,30 *meiner Augen ... schonen:* älterer Gebrauch von »schonen« mit dem Gen. statt mit dem Akk.

53,32 *»Corderii Colloquia«:* Gemeint sind die »Colloquiorum scholasticorum libri quattuor« (›Gespräche für Schüler in vier Büchern‹; 1564) des französischen Gelehrten Maturin Corderius (1479–1565), die bis ins 18. Jh. als Lehrbuch der lateinischen Sprache verwendet und mehrfach neu aufgelegt wurden.
»Gürtleri Lexicon«: Das viersprachige (lat., dt., griech., frz.) »Novum Lexicon Universale« (1683) von Nicolaus Gürtler (1654–1711) blieb lange ein wichtiges Standardwerk für den Sprachunterricht.

54,2 *Kollaborator:* (lat.) Gehilfen, Aushilfslehrer.

54,9f. *mutwillige Zerstörung Jerusalems:* Aus dem von Gott verheißenen himmlischen Jerusalem bleiben schwere Sünder ausgeschlossen (vgl. Offb. 21,1–27).

54,19 *ungeboren:* hier ›undeutlich‹.

54,21f. *kein Hund oder Hahn:* niemand. – Die Wendung entwickelte sich aus der Redensart »danach kräht kein Hahn«, d. h. ›dafür interessiert sich niemand‹; die Redensart wurde zunächst um »Huhn« erweitert, das man dann – widersinnig – in »Hund« abänderte (vgl. Röhrich, S. 369f.); vgl. auch 72,29f.

54,28 *nach meiner Hand ziehen:* nach meinen Vorstellungen, meinem Ideal erziehen. In übertragenem Sinne steht »Hand« auch für die Person, in deren Macht etwas steht; vgl. die Wendung ›jmdm. in die Hände geraten‹.

Vierter Akt

55,5f. *wie Kain ... unstet und flüchtig:* Zur Strafe für den Mord an seinem Bruder Abel wurde Kain zu dauernder Heimatlosigkeit verdammt (vgl. 1. Mose 4,12).

55,6f. *Die Russen sollen Krieg mit den Türken haben:* Gemeint ist der russisch-türkische Krieg 1768–74; Lenz läßt das Stück also in seiner unmittelbaren Gegenwart spielen.

55,10 *Ausschweifungen:* hier ›phantastische Ideen‹; vgl. gleichbedeutendes *Phantasien* (56,16).

55,12 *Professor M – r:* Georg Friedrich Meier (1718–77); er lehrte Philosophie an der Universität Halle.

55,17f. *gefänglich eingezogen:* gefangen gesetzt, festgenommen.

55,22 *mich vermittelt:* mich als Vermittler eingeschaltet; auch im 18. Jh. war der reflexive Gebrauch ungewöhnlich.

55,30 *Übrigens habe:* Im übrigen, außerdem habe ich.

56,4 *griechisch werden:* den griechisch-orthodoxen Glauben der Russen annehmen.

56,12 *Wenn:* Bis ins 18. Jh. werden »wenn« und »wann« gleichbedeutend gebraucht, wobei nach Adelung »wenn« im Hochd. vorzuziehen ist.

56,13 *Warschau:* In der Handschrift heißt es noch deutlicher: »nach Warschau zum Russischen Minister«; in diesem Rang stand damals der russische Gesandte in der polnischen Hauptstadt. Der von den Türken ultimativ geforderte Abzug der russischen Truppen aus Polen führte 1768 zum russisch-türkischen Krieg.

56,21f. *gestoben oder geflogen:* umgangssprachl. zeitgenössische Wendung für ›hingekommen oder abgeblieben‹.

56,28 *Türkenpallasch:* Türkensäbel.
Victorie: Sieg.

57,4 *im »Hecht«:* Tierbezeichnungen erscheinen heute noch häufig als Gasthausnamen; vgl. auch 86,14 *Schafwirts.*

57,13f. *sanft und selig im Herrn entschlafen:* eine wohl auf Luther zurückgehende Wendung für ›friedlich und im Vertrauen auf Gott sterben‹.

57,15 *das ist nur Kleinigkeit:* vermutlich ein Druckversehen, denn in der Handschrift steht noch: »das ist nur eine Kleinigkeit«.

57,18 *drei Lilien auf dem Rücken:* Mit einem Lilienzeichen wurden unter Ludwig XIV. (1643–1715) straffällig gewordene Dirnen auf der Schulter gebrandmarkt.
Vivat: (lat.) Er lebe! – Der lateinische Ausruf, eine Verbform der 3. Pers. Sg., wird hier freilich vom Major wieder

grammatikalisch falsch mit dem Plural *die Hofmeister* verbunden.

57,26 *in einem ganzen Jahr:* Diese Angabe deckt sich mit der des Majors (56,21) und der von Wenzeslaus (59,27).

57,29 *auszustehn:* hier ›im Freien zu stehen, um zu betteln‹.

58,1f. *den zweiten Tag nach der Niederkunft:* Vor allem diese Angabe und die Versicherung Läuffers, er habe Gustchen seit dem Tag, als sie beide aus dem Haus des Majors flohen, nicht mehr gesehen (vgl. 60,9f.), gaben Anlaß, die Vaterschaft Läuffers zu Gustchens Kind zu bezweifeln (vgl. Lappe, 1980, S. 16–22, und Knopf, 1980, S. 517–519). Die Indizienbeweise, die für eine Vaterschaft von Pätus (Lappe) bzw. Seiffenblase (Knopf) vorgebracht wurden, klären die offenkundigen Widersprüche der Angaben im Stück nur unzureichend und tragen den eindeutiger auf eine Vaterschaft Läuffers weisenden Angaben in der Handschrift zu wenig Rechnung.

58,13 *Zitzen:* Brüste; von mhd. »zitze« ›Saugwarze‹; heute nur noch bei Tieren so benannt.

58,24 *unterwegens:* Adelung verwirft diese Nebenform zu »unterwegs« als veraltet und umgangssprachlich.

59,6 *mit gezogenem Pistol:* zeitgenössisch verbreitetes Neutrum neben der heute allein gebräuchlichen fem. Form »Pistole«.

59,7f. *da sitzt der Has im Kohl:* Redensart für ›da ist der Gesuchte‹.

59,10f. *Tollhäusler:* Insasse eines Irrenhauses, Geisteskranker.

59,15 *das Jüngste Gericht:* das Weltgericht, das nach Joh. 12,48 am letzten Tag der Welt stattfindet.

59,21 *Chirurgus:* Wundarzt; im 18. Jh. bevorzugte man bei dieser Berufsbezeichnung die latinisierte Form.

59,30 *gerochen:* veraltete starke Nebenform zu »gerächt«.

59,33f. *die Wunde könnte sich verbluten:* er könnte an der Wunde verbluten.

60,3 *Gevatter:* urspr. Taufpate, hier in der weiteren Bedeutung: Onkel, Freund der Familie, guter Bekannter.
Schöpsen: wieder ein sprechender Name; einen Schöps,

urspr. eine andere Bezeichnung für »Hammel«, nannte man auch ›einen einfältigen, dummen Menschen‹.

60,16 *gescheutes:* veraltete Nebenform zu »gescheit«; vgl. auch 66,3 *gescheute Leute.*

60,25 *Bankozettel:* ältere Bezeichnung für ›Banknote‹.

60,27 *kömmt:* veraltete Nebenform zu »kommt«; vgl. auch 62,10f. *bekömmst* u. ö.

60,28 *Barbier:* Bartscherer, Haarschneider. – Ein Barbier hatte meist auch eine Ausbildung in der sog. kleinen Wundheilkunde und leistete erste, einfachere medizinische Hilfe.

60,29 *Otterngezüchte:* biblisches Scheltwort für ›böse Menschen‹ (vgl. Mt. 3,7).

60,36–61,1 *zu Morsch schlagen:* für ›kurz und klein schlagen‹ (vgl. Anm. zu 47,11f.); weder Adelung noch das Grimmsche Wörterbuch kennen ein Subst. »Morsch«.

61,2f. *in iure naturae … gentium:* lateinische Begriffe der Rechtssprache: im Naturrecht, im bürgerlichen Recht, im Kirchenrecht und im Völkerrecht.

61,4 *wo ist das erhört:* veraltet für »wo hat man das schon gehört«.

61,6 *sondiert:* mit einer Wundsonde untersucht.

61,9 *in fine videbitur cuius toni:* (lat.) am Ende wird man die Tonart erkennen; auch Luther kannte dieses aus dem Mittelalter stammende lateinische Sprichwort und zitiert es in seinen Tischreden (vgl. »Werke«, krit. Gesamtausg., Abt. 2: »Tischreden«, Bd. 1, bearb. von O. Brenner [u. a.], Weimar 1912, S. 23).

61,15 *Pathologie:* Lehre von den Krankheiten.
Chirurgie: im 18. Jh. Bezeichnung für ›Wundheilkunde‹; heute ›Heilkunde durch operative Eingriffe‹.

61,16 *Collegia:* (lat.) Vorlesungen an der Hochschule; vgl. auch 76,5f. *ich muss ins Collegium.*

61,17 *in amore omnia insunt vitia:* (lat.) in der Liebe liegen alle Fehler. – Dieses Zitat aus der Komödie »Der Eunuch« (I,1,14) des römischen Lustspieldichters Terenz (195–159 v. Chr.) wird von Wenzeslaus später noch einmal wiederholt (s. 75,1).

61,18 *Fakultät:* Hauptabteilung an einer Hochschule. Zu den traditionellen Fakultäten, der theologischen, juristischen und medizinischen, kam im 18. Jh. die philosophische hinzu (vgl. Goethe, »Faust I«, V. 354 ff.), aus der sich später auch die naturwissenschaftliche entwickelte.

61,20 *Hurenhengst:* derb umgangssprachl. Schimpfwort für »eine unzüchtige männliche Person ohne Scham und Zurückhaltung« (Adelung).

61,22 *nachdem:* älterer Sprachgebrauch statt heutigem »je nachdem wie«.

61,26 *obenein:* obendrein, noch dazu; vgl. auch 68,5 u. ö.

61,26 f. *sind wir … geholfen:* veraltete persönliche Passivbildung statt jetzt üblichem »ist uns geholfen«.

61,30 f. *einen Brief … den er nicht ins Fenster stecken soll:* Die Redensart meint einen geharnischten Brief, den publik zu machen man sich hüten wird.

62,27 *Mich deucht:* im 18. Jh. noch durchaus gebräuchliche Nebenform zu »mich dünkt«.

63,1 ff. *Fünfte Szene:* Diese Szene fehlt noch in der überlieferten handschriftlichen Fassung des Stücks.

63,4 f. *dass Euch die schwere Not:* redensartliche Verwünschung; »schwere Not« war eine umgangssprachl. Bezeichnung für »Epilepsie«.

63,12 *Adelbrief:* Wohlhabende Bürgerliche konnten sich einen Briefadel erwerben, der jedoch vom Geburtsadel nicht anerkannt wurde. Bei der Reichskanzlei in Wien etwa kostete 1784 ein »von«, also die Erhebung in den einfachen Adelsstand, rund 400 Gulden, für den Titel »Edler von« wurden etwa 725 Gulden und für einen Grafentitel beinahe 6000 Gulden verlangt; in Bayern war dieser Titel schon für 2500 Gulden zu haben (vgl. Werner, S. 228, Anm. 5).

63,13 *zusammenkriechen:* hier verächtlich für ›heiraten‹; vgl. auch 89,26 f. *So kriecht denn zusammen … weil doch Heiraten besser ist als Brunst leiden.*

63,16 *maledeite:* verdammte, verwünschte.

63,29 *Lasst stehen!:* hier etwa ›Laßt sein! Mischt euch nicht ein!‹

63,30f. *Euer Fleisch und Bein:* eure eigenen Kinder; die Wendung geht auf Lk. 24,39 zurück.

64,11–14 *wir sind auf der See ... und scheitern:* Das traditionelle Motiv der Seereise als Bild für die menschliche Existenz erscheint häufig in den Werken und Briefen von Lenz (vgl. Schöne, S. 124ff.); vgl. auch 75,2.

64,14 *Kokette:* gefallsüchtige Frau; dann auch ›Kokotte, Dirne‹.

64,19 *Lamm:* Nach dem biblischen Bild von Christus als »Gottes Lamm, welches der Welt Sünde trägt« (Joh. 1,29) wird das Lamm allgemein zum Symbol für Unschuld und Sündelosigkeit.

64,21 *Batterien:* Geschütze, Kanonen.

64,26 *Teekessel:* In der Studentensprache der Zeit war »Teekessel« ein Schimpfwort für ›eine dumme und einfältige Person‹; Lenz verwendet es jedoch spezifischer für ›einen Mann, der seinen Geschlechtstrieb nicht zu beherrschen versteht‹; so schreibt er, unter Anlehnung an Mt. 5,28f., in den »Stimmen des Laien auf dem letzten theologischen Reichstage im Jahre 1773«: »Wenn ihr kein Weib ansehen könnt, ohne ihrer zu begehren, Teekessel! reißt euer Auge aus, es ist besser ihr geht einäugig zum Himmel ein, als mit zwei Augen in den Tod« (WS I, S. 555).

64,31 *wie der Teufel im Paradiese:* Anspielung auf den ersten Sündenfall (1. Mose 3,1ff.), als die Schlange – nach Offb. 12,9 eine Verkörperung des Teufels – Eva verführte.

65,6 *dreust:* veraltete Nebenform zu »dreist«; nach Adelung »braucht man dieses Wort am häufigsten noch von dem beherzten Betragen in dem gesellschaftlichen Umgange, welches aus einem guten Vertrauen auf sich selbst herrühret, im Gegensatz [zu] furchtsam, schüchtern, blöde.«

65,7 *blöde gegen's Frauenzimmer:* schüchtern gegenüber Frauen; »Frauenzimmer« hat hier noch die frühere kollektive Bedeutung (vgl. Anm. zu 13,32).

65,11f. *ihre einzige Aussteuer, ihren guten Namen:* Besonders für weniger bemittelte Bürgermädchen besaßen unversehrte Unschuld und guter Ruf durchaus einen materiellen Tauschwert, der verteidigt werden mußte, damit eine vorteilhafte Eheschließung möglich war; auch Rehaar betont als Vater sofort diesen Zusammenhang (vgl. 67,29f.). – Schiller benutzt das gleiche Motiv später in der Eingangsszene zu seinem bürgerlichen Trauerspiel »Kabale und Liebe« (1784).

65,17 *Konzertchen:* hier ›Musikstück für ein Soloinstrument und Orchester‹. – Diminutivformen kennzeichnen die Sprache des Lautenisten und charakterisieren ihn als geziert und verweichlicht.

65,20 *ich will's dem eingedenk sein:* ich werde es ihm nicht vergessen.

65,22 *Quinte:* Bei der Laute nennt man so die höchste, die E-Saite.

65,23 *Nachmittag:* Im 18. Jh. konnte der Subst. ohne Präp. adverbial gebraucht werden.

65,29 *Prise:* »soviel Schnupftobak, als man zwischen zwey Fingern hält und in die Nase zu schnupfen pflegt« (Adelung).

65,29f. *die Türken sind über die Donau gegangen:* Während des russisch-türkischen Krieges (1768–74) überschritten die Russen mehrfach die Donau bei dem Versuch, die Türken aus der Moldau und der Walachei (dem heutigen Rumänien) zu verdrängen; sie wurden schließlich aber doch wieder von den Türken über den Strom zurückgeschlagen.

65,32 *Otschakof:* Die ehemals wichtige türkische Festung und Hafenstadt Otschakow, an der Mündung des Dnjepr ins Schwarze Meer, hielt im Jahre 1771 einer russischen Belagerung stand.

66,8 *Triller:* rascher mehrmaliger Wechsel eines Tones mit dem nächsthöheren halben oder ganzen Ton.

66,9 *Musikus:* die latinisierte Form bevorzugte man damals als Bezeichnung für den, der »die Musik mehr als Kunst ausübet, oder als Wissenschaft versteht« (Adelung), im Unterschied zu den weniger angesehenen berufsmäßigen Spielleuten, die man »Musikanten« nannte; vgl. 68,34f. *Musikanten ... die noch weniger als Weiber sind.*

66,9 *Courage:* (frz.) Mut. – Ähnlich – und vielleicht von dieser Stelle beeinflußt – schreibt Georg Büchner (1813–1837) im »Woyzeck«: »Ein guter Mensch ist dankbar und hat sei Leben lieb, ein guter Mensch hat keine Courage nicht! Ein Hundsfott hat Courage!« (Hrsg. von Lothar Bornscheuer, Stuttgart 1972 [u. ö.]; Reclams Universal-Bibliothek, Nr. 9347; S. 61.)

66,12f. *Herzog von Kurland:* Kurland von von 1562–1795 ein unter polnisch-litauischer Lehenshoheit stehendes Herzogtum; nach mehrjährigen Erbfolgeauseinandersetzungen wurde Ernst Johann Biron 1737 Herzog von Kurland; der Günstling der Zarin Anna wurde jedoch nach deren Tod 1740 gestürzt und nach Sibirien verbannt. Obgleich seit 1759 Prinz Karl von Sachsen-Polen als neuer Herzog eingesetzt worden war, fiel die Herrschaft erneut an Biron, der 1762 begnadigt worden war; 1769 verzichtete er dann zugunsten seines Sohnes Peter, der bis 1795 regierte.

66,13 *Petersburg:* Die erst 1703 von Peter I. (1689–1725) gegründete Stadt, das heutige Leningrad, entwickelte sich rasch zu einem bedeutenden Handels- und Kulturzentrum, nachdem es 1712 Hauptstadt des Russischen Reiches (bis 1918) geworden war.

66,14 *in der Suite:* im Gefolge, in der Begleitung.

Prinzen Czartorinsky: Adam Kasimir Fürst Czartoryski (1734–1823), der sich nach dem Tode von August III. von Sachsen-Polen (1763) um den polnischen Königsthron bewarb. Katharina II. von Rußland setzte aber die Wahl ihres früheren Günstlings Stanislaus Poniatowski durch.

66,18 *fiel herunter:* fiel um, zu Boden.

66,20 *Hofkavaliere:* Hofleute.

66,23 *seit Anno Dreißig:* seit dem Jahre 1730.

66,27 *sein Tag:* hier ›sein Lebtag‹; ähnlich 72,26 *mein Tag.*

66,27f. *was vor sich bringen:* etwas hervorbringen; Adelung gibt für die Wendung »etwas vor sich bringen« die Bedeutung ›Vermögen erwerben‹, die hier wohl mitschwingt.

66,28 *das dritte Chor war's, k, k:* Die gleichgestimmten Saitenpaare der Laute heißen »Chöre«, und »k« ist eine Tonbezeichnung in der französischen Lautentabulatur.

66,34 *hebt sich:* erhebt sich.

66,35 *Toujours content, jamais d'argent:* (frz.) Immer zufrieden, niemals Geld.

67,3 *Serenade:* hier ›eine Abendmusik, die man einer Person zu ehren vor deren Haus darbringt‹; vgl. 79,29f. *mit ... Serenaden belästigt.*

67,13 *honett:* ehrenwert, ehrenhaft.

67,17 *dich bevaterchen:* ich werde dir als Vater begegnen; zur Wortbildung vgl. Anm. zu 44,29.

67,18 *gehörigen Orts:* der zuständigen Stelle.

67,22 *hinausgehänselt:* hinausgeworfen. – »hänseln« oder »hansen« bedeutet eigtl. »in eine Hanse, d. i. in eine Gesellschaft aufnehmen« (GWb.); »hinaushänseln« würde dann etwa ›feierlich hinauswerfen‹ meinen, hier selbstverständlich ironisch. Vielleicht ist das Wort aber auch von »hänseln« ›spöttisch necken, zum Besten haben‹ oder von obd. »hanzeln« ›mit Händen angreifen‹ abgeleitet; bei Jean Paul erscheint das Wort mit der Bedeutung ›nötigen‹ etwa im »Schulmeisterlein Wuz«: »Zu wichtigen Ämtern muß der Staatsbürger erst gehänselt werden.« (»Werke«, hrsg. von Norbert Miller, Bd. 1, München 1960, S. 430.)

67,28 *das:* hier ›dann‹.

67,34 *ein Hühnchen mit Ihnen pflücken:* Nach Röhrich (S. 444) wurde die Redensart »mit jmdm. ein Hühnchen rupfen« für ›jmdn. wegen einer Sache zur Rede stellen, zur Rechenschaft ziehen‹ erst zu Beginn des 19. Jh. geläufig.

68,4f. *lacht mir noch in die Zähne:* Der bei Wander (V, Sp. 490) belegten umgangssprachl. Wendung entspricht die heute gebräuchliche Redensart »jmdm. frech ins Gesicht lachen«.

68,8f. *an den Kurfürsten:* Die Kurfürsten hatten im ehemaligen Deutschen Reich das Recht, den Kaiser zu küren, d. h. zu wählen. Das Kurfürstenkollegium bestand urspr. aus sieben, später aus neun Mitgliedern, darunter der

Kurfürst von Sachsen, der in Dresden residierte (vgl. 68,17f.).

68,10 *Dem Kalbsfell folgen:* Soldat werden, d. h. der mit Kalbsfell bespannten Trommel der Soldatenwerber folgen.

68,16 *Magnifikus:* bis heute der Titel eines Hochschulrektors, üblicher in der Form »Magnifizenz« (von lat. »magnificus« ›großartig, prächtig‹); in Leipzig, wie in einigen anderen Reichsstädten, führten diesen Titel aber auch regierende Bürgermeister.

68,17 *dass:* In solcher Konstruktion verlangte schon Adelung »bis (daß)«.

68,21 *Lautchen auf ihr spielen:* umgangssprachl. Umschreibung für ›mit ihr schlafen‹.

69,10 *Satisfaktion gibst:* Genugtuung leistest; seit dem 17. Jh. überwiegend im Zusammenhang mit Ehrenstreitigkeiten, die durch ein Duell beigelegt wurden.

Fünfter Akt

70,21 *gewest:* veraltete umgangssprachl. Nebenform für »gewesen«.

70,23 *von lauter:* nach Adelung umgangssprachl. für ›mit nichts als‹.

70,26 *Hagar:* Als Abraham Hagar und ihren gemeinsamen Sohn Ismael verstieß, bewahrte Gott beide vor dem Verdursten (vgl. 1. Mose 21,14ff.).

70,27 *ging auf Gottes Barmherzigkeit:* ging im Vertrauen auf Gottes Barmherzigkeit.

70,28–31 *O mein Herz! ... meine Züge:* Eine bis in den Wortlaut ganz ähnliche Szene findet sich in Schillers »Don Carlos« (1787), IV,7.

70,33–71,1 *Sußchen, mein liebes Sußchen:* Wenn dies der Name des Kindes ist, wie die meisten Interpreten annehmen, so widerspricht dies freilich der letzten Szene des Stückes, wo das Kind eindeutig als männliches, als *Großsohn* (93,20) und als *mein süßer Junge* (96,7f.) bezeichnet wird; vielleicht aber hat man »Sußchen« als Kosewort zu verstehen, verwandt mit nd. »sussen« ›ein Kind in den Schlaf lullen‹ oder als eine umlautlose Form zu »Süßchen«, das etwa Goethe in dem Gedicht »Der Müllerin Reue« in einer Verszeile verwendet: »ach Süßchen! lass mich zu dir ein«.

71,3 *ist ihm weh worden:* ihm ist nicht wohl; im Obd. auch in der Bedeutung ›er ist ohnmächtig geworden‹.

71,22 *Memme:* seit Luther belegt als Schimpfwort für ›Feigling‹; von mhd. »memme« ›Mutterbrust‹.

71,28 *immatrikuliert:* als Student an einer Universität eingeschrieben. – Etwas später (72,33) wird Rehaar ausdrücklich unter die Studenten gerechnet.

71,30 *muss:* hier ›darf‹.

72,4 *legiert:* In der Fechtersprache bedeutet das Verb ›dem Gegner die Klinge aus der Hand schlagen‹; von lat. »ligare« ›binden‹.

72,28 *Honettetät:* Redlichkeit, Ehre.
Offiziers: französische Pluralbildung statt »Offiziere«.

72,28f. *Die machen einem Mädchen ein Kind:* Die Verführung eines Mädchens durch einen Offizier war ein mehrfach behandeltes Thema der zeitgenössischen Dramatik; als die bedeutendsten Beispiele gelten die Komödie »Die Soldaten« (1776) von Lenz selbst und das Trauerspiel seines Freundes Heinrich Leopold Wagner (1747–79) »Die Kindermörderin« aus dem gleichen Jahr.

72,30 *kuraschöse:* mutige.

72,31 *sein:* veraltete Nebenform zu »sind«.

73,2 *geschwänzt:* ausfallen lassen; seit der Mitte des 18. Jh. in der Studentensprache; verwandt mit rotwelsch »schwentzen« ›herumgehen‹.

73,4f. *bis dunkel wird:* vermutlich Druckversehen, denn in der Handschrift heißt es noch: »bis es dunkel wird«.

73,19 *frigidus per ossa:* (lat.) kalt durch die Gebeine; als Zitat aus der lateinischen Literatur nicht nachweisbar.

73,21 *die Lineamenten:* Gesichtszüge, Miene; heute wird das Subst. stark flektiert.

73,24 *kastriert:* entmannt.

73,27 *Origines:* Der griechische Kirchenvater und Philosoph Origines (185–254) entmannte sich in seiner Jugend aus religiösen Gründen. – Wenzeslaus unterstellt Läuffer, er habe sich, ähnlich wie Origines und nach Mt. 19,12 (»und sind etliche verschnitten, die sich selbst verschnitten haben um des Himmelreichs willen«) entmannt, um sich von als sündig empfundenen sexuellen Anfechtungen zu befreien. Daunicht weist darauf hin, daß Lenz hinsichtlich des Kastrationsmotivs eventuell von zwei Büchern des ihm auch persönlich bekannten livländischen Gelehrten August Wilhelm Hupel angeregt worden war: »Vom Zweck der Ehen, ein Versuch, die Heurath der Castraten und die Trennung unglücklicher Ehen zu verteidigen«, Riga 1771, und »Origines oder von der Verschneidung«, Riga 1772 (vgl. GW I, S. 392 f.).

73,27 f. *auserwähltes Rüstzeug:* Werkzeug; die Wortprägung geht auf Luther zurück und bezieht sich urspr. auf die Erwählung von Paulus zum Apostel (vgl. Apg. 9,15: »dieser ist mir ein auserwähltes Rüstzeug«).

73,29 *Heldenvorsatz:* Lenz selbst waren solche rigorosen, triebfeindlichen Vorsätze nicht ganz fremd; in seinem Essay »Vom Baum der Erkenntnis Guten und Bösen« (1774) etwa stellt er – nach einer langen Reihe von Lebensregeln – zusammenfassend fest: »Überhaupt ist's gut das Fleisch zu kasteien und zu kreuzigen, damit der Geist wachsen und sich bilden könne [...].« (GS IV, S. 63.)

73,31 *eine Leuchte der Kirche:* ein leuchtendes Vorbild; Verdeutschung des lateinischen Ehrentitels »lumen ecclesiae«, den man im Mittelalter dem Kirchenvater Augustinus (354–430) verlieh.

73,33 *Jubilate:* (lat.) freuet euch; der Jubelruf erscheint mehrfach in der lateinischen Bibel, der Vulgata, so etwa zu Beginn der Psalmen 65 und 99.
Evoë: (griech./lat.) Jubelruf der Bacchantinnen, der Begleiterinnen des Weingottes Bacchus.

74,11 f. *ich bin der Nichtigkeit entbunden ... Flügel her:* als direktes Zitat aus einem Kirchenlied nicht nachzuweisen, doch ähnliche Gedanken finden sich öfters in Kirchenliedern um 1700; vgl. etwa Ämilie J. Gräfin von Schwarzburg-Rudolstadt (1637–1706): »Flügel her, nur Flügel her, Jesus, ich will gerne scheiden.«

74,13 *Lots Weib:* Als Gott Lot und seine Familie aus Sodom und Gomorra rettete, sah Lots Weib gegen das ausdrückliche Verbot auf die brennenden Städte zurück und erstarrte zu einer Salzsäule (vgl. 1. Mose 19,24ff.).

74,14 *das friedfertige stille Zoar:* Diese Stadt in der Jordanebene hatte sich Lot als Zufluchtsort ausgewählt (vgl. 1. Mose 19,22f.). Die Wendung geht nicht direkt auf die Bibel zurück, doch scheint sie Lenz geläufig gewesen zu sein, denn in einem Brief an Johann Daniel Salzmann (1722–1812) vom Oktober 1772 wünscht er sich, »auf ein stilles und friedelächelndes Zoar« zuzugehen (Briefe I, S. 60f.).

74,15 *Kollega:* (lat.) Amtsgenosse; vgl. auch 82,10 *Kollege.*

74,17 *den blinden Juden:* Weil die Juden in Jesus nicht den Sohn Gottes erkennen wollten, wurden sie von Christen nach Mt. 13,13–15 und Joh. 10,19–21 als blind bezeichnet.

74,19f. *Lämmer in der Schule:* Gemeint sind die ›Schüler‹; Wenzeslaus bezieht immer wieder das Gleichnis von dem guten Hirten und seinen Schafen (vgl. Joh. 10,1–16) auf sich und sein Lehramt; vgl. auch 87,12f. und 88,19f.

74,21 *Schlacken:* hier ›unnütze, unnötige Gewohnheiten‹; urspr. der Abfall beim Schmieden.

74,24 *Diät:* hier ›Lebensweise‹.

74,25–27 *was hinaufsteigt, das ist ... für dich:* vgl. die Anekdote vom Mönch auf der Latrine, die in Luthers »Tischreden« erzählt wird (»Tischreden«, krit. Gesamtausg., Bd. 2, Weimar 1913, S. 413).

74,30 *Essäer:* oder Essener; über diese jüdische Sekte zur Zeit Christi und über deren Grundsätze (wie Ehelosigkeit und das Nichtverrichten der Notdurft am Sabbat) sowie über deren hohes Alter berichtet der jüdische Historiker Josephus Flavius (um 37–100) in seiner »Geschichte des jüdischen Krieges« (Buch II, Kap. 12–161).

74,34 *ihr Fleisch:* hier ›ihre sinnlichen Begierden‹; in der biblischen Gegenüberstellung von Fleisch und Geist erscheint das Fleisch als eine gleichsam persönliche Macht (vgl. Röm. 8,5–13 oder Kol. 2,18), die gegen Gottes Geist aufbegehrt (vgl. Gal. 5,17).

75,1 *in amore ... vitia:* vgl. Anm. zu 61,17.

75,3f. *lauro tempora ... pulsabit:* (lat.) mit Lorbeer werde ich die Schläfen bekränzen, und er wird mit erhobener Stirn die Sterne berühren. – Freies Zitat nach zwei Gedichtzeilen (Oden III 30,16 und I 1,36) des römischen Dichters Horaz (65–8 v. Chr.).

75,24f. *unter meinem Kuvert:* hier ›unter meiner Anschrift‹.

75,28 *wenn er anders:* falls er noch; vgl. auch 75,32 *wenn Sie anders.*

75,34–76,1 *meine Tochter ist auch da:* In der Handschrift wird der plötzliche Aufenthalt von Rehaars Tochter in Königsberg etwas besser motiviert, wenn es heißt: »meine Tochter ist dort angekommen [...], denn ihre Tante wohnt itzt in Königsberg«. In IV,6 (67,28f.) lebte die Tante, zu der Rehaar seine Tochter schickte, noch im rund 300 km weiter nördlich gelegenen Kurland.

76,6 *Sagen Sie Pätus nichts davon:* Diese Bemerkung bezieht sich nicht auf den Brief, sondern auf Kathrinchens Bekanntschaft mit von Seiffenblase; in der Handschrift wird dieser Bezug noch deutlicher hervorgehoben: »Hören Sie, lassen Sie Pegau [d. i. Pätus] nichts davon merken, daß Ihre Tochter so gut Freund mit Seiffenblase ist –.«

76,16f. *ein lüderliches Mensch:* eine liederliche Frau; das Neutrum »Mensch« bezeichnet seit dem Mhd. und bis heute umgangssprachl. »eine geringe Person weiblichen Geschlechtes im verächtlichen Verstande« (Adelung).

76,24 *Mätresse:* Geliebten.

76,26 *unrecht:* umgangssprachl. für ›an die unrechte Person, an den Falschen‹.
Ausländerin: Als Bürgerin Sachsens galt die Tochter Rehaars in Preußen als Ausländerin, da beide Staaten bis zur Reichsgründung 1871 selbständig und voneinander unabhängig waren.

76,31 *Krepanz:* Diese Substantivableitung von »krepieren« ›elend umkommen‹ kennen weder Adelung noch das Grimmsche Wörterbuch, und sie ist wohl eine Analogiebildung zur umgangssprachl. Verwünschung »Du sollst die Kränke kriegen«, von mhd. »krenke« ›Schwäche, Schwachheit‹.

77,9–78,9 *Pätus! ich hab einen Brief bekommen ... (Zerreißt ihn.):* Eine ganz ähnliche Briefszene, eventuell nach dem Vorbild von Lenz (vgl. Stammler, S. 52), gestaltet Schiller in der Eingangsszene zu »Die Räuber« (1781).

77,13 *erbrechen:* das Briefsiegel aufbrechen.

77,19 *Orthographie:* Rechtschreibung; hier ›Stil, Syntax‹.

77,23 *als:* also, deshalb; schlußfolgerndes »als« tadelt schon Adelung als veralteten Kanzleistil.

77,28 *in Missverständnis:* »leben« zu ergänzen; zerworfen, entzweit sind.

77,30–33 *welcher aus Ihres gnädigen Onkels Haus ... in einen Teich gesprungen:* In der Handschrift wird der Vorfall in dem Brief detaillierter beschrieben: »welcher Ihre gnädige Cousine verführt hat und deshalb ist aus dem Hause gejagt worden, worüber sie sich also sehr gegrämt hat, daß sie in einen Teich gesprungen nachdem sie vorher von einem Sohn ist entbunden worden.« In der Druckfassung wird das Geschehen deutlich mit der Intention berichtet, Gustchens Ruf zu schonen.

77,32 *genotzüchtigt:* vergewaltigt.
worüber: offensichtlich ein Versehen und für den Druck nicht zu »was« verbessert; vgl. den in Anm. zu 77,30–33 zitierten urspr. Text.

78,4 *übergehn:* vorübergehen.

78,5 *schlägt:* öffnet, um Blut herauszulassen; das Aderlassen war noch im 18. Jh. ein medizinisches Verfahren, das man bei verschiedensten Indikationen, u. a. bei Ohnmachtsanfällen anwandte.

78,6 *so französisch:* hier etwa ›empfindlich, weichlich‹.

78,8 f. *maliziösen:* bösen, boshaften.

78,15 *drei Jahr sind verflossen:* vgl. sein Versprechen in I,5 (15,13 f.).

78,16f. *keine Nachrichten von mir:* Von Halle aus schrieb Fritz von Berg noch nach Hause (vgl. 26,1f.).

78,19 *Melancholei:* Schwermut, Trübsinn; vgl. Anm. zu 36,15.

78,27 *Bärenhäuter:* Der römische Historiker Tacitus (um 55–117) berichtet in seiner »Germania« (Kap. 15 und 22), daß die Germanen Felle tragen und im Frieden faulenzen, d. h. auf der Bärenhaut liegen; darauf geht das aus dem 16. Jh. stammende Schimpfwort für »einen feigen nichtswürdigen Menschen« (Adelung) zurück.

78,36 *Kusine:* Das im 18. Jh. entlehnte französische Wort hat seitdem das deutsche »Base« völlig verdrängt.

79,2f. *Hust ihm was ... pfui ihm was:* Die dreimal variierte Redensart ist ein »derber Ausdruck der Verachtung oder Verweigerung« (GWb.); in der Handschrift stand statt »pfui« derber das heute noch in der Redensart übliche »scheiß«.

79,4 *dienstfreundlichst:* ergebenst; Adelung kritisiert diese Brieffloskel als steif und sprachlich falsch.

79,5 *Sie wollen mich im –:* Die verhöhnende Redensart »jmdn. im Arsche lecken« wurde unter den Autoren des Sturm und Drang literaturfähig und ist seitdem als Zitat aus Goethes »Götz von Berlichingen« (1773) berühmt-berüchtigt. Bekannt war die Redensart freilich schon Luther. – Pätus gebraucht die Wendung noch ein zweites Mal (vgl. 81,26 *Lass ihn dich –*; in der Handschrift steht hier noch der volle Wortlaut).

79,11 *bald ausgesprochen:* leicht gesagt.

79,13 *Leichtfuß et Compagnie:* wohl wiederum ein sprechender Name.

79,16f. *Lotterie ... Hamburg:* Das Glücksspiel und mit ihm der Begriff der *Lotterie* kamen zu Beginn des 16. Jh.s aus den Niederlanden nach Deutschland; in Hamburg gab es Lotterien seit dem frühen 17. Jh. Die Lose der Lotterien wurden im 18. Jh. über ganz Deutschland verkauft.

79,24 *in einem Alter, einem Verhältnisse:* im gleichen Alter und in gleicher Lage; in der Handschrift fährt der Geheime Rat fort: »ausser daß du in den Abgrund gesunken warst, von dessen Rand ich diese errettet habe«.

80,6 *Frau Dutzend:* ein weiterer sprechender Name, der sie als ganz gewöhnliche Frau charakterisiert; vgl. die Bezeichnung »Dutzendmensch« für ›einen alltäglichen Menschen mit durchschnittlichen Eigenschaften‹.

80,10f. *Minister Deichsel:* In der Handschrift heißt der Minister »Dietz«; beide Namen sind aber offenbar nicht historisch. Der Name der Druckfassung ist wieder sprechend: Deichsel nennt man die Zug- und Lenkstange eines Wagens; vgl. die Wendung »etwas deichseln«.

80,14 *am Brandenburger Tor:* Aus dem Brandenburger Tor in Königsberg, im Südwesten der alten Stadtmauer, ging man hinaus in den sog. Nassen Garten.

80,21 *verzettelt:* verspielt; von mhd. »verzetteln« ›ausstreuen, verlieren‹.

80,24 *Gouverneur:* Statthalter, der oberste Vertreter der Regierung.

80,27f. *die Mamsell in unser Haus nehmen:* Aus einem ganz ähnlichen Grund, um Schlimmeres zu verhüten und einen Neuanfang zu ermöglichen, nimmt in Lenz' Komödie »Die Soldaten« die Gräfin La Roche die von einem Offizier betrogene Marie Wesener in ihr Haus auf (vgl. III,10).

81,12f. *ausfündig:* veraltete Nebenform zu »ausfindig«.

81,13f. *von dem mir der Schulmeister schreibt:* Damit ist wohl nicht der in IV,3 (vgl. 61,30) angedrohte Brief gemeint, da zu diesem Zeitpunkt Wenzeslaus noch nichts von Marthe und dem Kind wissen konnte; in der letzten Szene des Stückes wird berichtet, daß der alte Pätus dem Major das Kind gebracht habe (vgl. 93,24).

81,23 *kalmäuserst du:* machst du dir trübe Gedanken; einen »Kalmäuser« nannte man seit dem 16. Jh. in der Studentensprache einen ›(gelehrten) Stubenhocker‹; wohl von lat. »calamus« ›Schreibrohr‹ abgeleitet.

81,27 *Friedrichsd'or:* Diese preußische Goldmünze war unter Friedrich II. (1712–86) eingeführt worden und entsprach dem Wert von knapp 5 preußischen Talern (vgl.

Anm. zu 11,27). Es war also ein sehr beachtlicher Lotteriegewinn.

81,33 *buck:* veraltete obd. Nebenform zu »bück«.

82,9 *in schwarzen Kleidern:* Beide tragen die damals übliche schwarze Amtstracht der Pfarrer, Wenzeslaus auch die dazugehörende Perücke (vgl. 82,13).

82,14 *ist's nicht ausgemacht:* hier ›ist meine Frage nicht wirklich beantwortet‹.

82,17 *Anmerkung:* hier ›Beobachtung‹.

82,20 *Gemeine:* veraltete Nebenform zu »Gemeinde«.

82,21 *aus meinem Konzept kommen bin:* von meinem (Predigt-)Text abgelenkt wurde.

82,23 *Strauß:* Kampf, Streit, Gefecht.

82,25 *σκάνδαλον ἐδίδους, ἕταιρε!:* Du hast Ärgernis erregt, Freund; als Zitat nicht nachweisbar, wohl eine Rückübersetzung nach Mt. 18,7, ein Vers, den Wenzeslaus wenig später zitiert (vgl. 87,14–16).

82,30–33 *Der Evangelist Markus ... Schlange ähnlich:* Den vier Evangelisten sind seit dem 4. Jh. die in Offb. 4,6–9 erwähnten symbolischen Wesen als Begleiter zugeordnet: Matthäus der Engel bzw. Mensch, Markus der Löwe, Lukas das Rind und Johannes der Adler.

82,33 *einer geflügelten Schlange:* einem gefallenen Engel; nach Offb. 12,7–9, wo der Sturz des Teufels in Gestalt des Drachens (d. i. einer geflügelten Schlange) und seiner Engel berichtet wird.

83,1 f. *Bild Er mir's nicht ein:* vgl. Anm. zu 45,27.

83,6 *kasuistisch:* hier ›auf seinen besonderen Fall bezogen‹. – Die theologische Kasuistik, von lat. »casus (conscientiae)« ›Gewissensfälle‹, ist die Lehre vom Verhalten in religiösen und moralischen Gewissensfragen.

83,8–15 *Der Gedanke gefiel mir vorzüglich ... zubereitet werden:* Der Vergleich geht, darauf hat Daunicht hingewiesen (GW I, S. 401), wohl auf Luthers »Tischreden« zurück: »Es muß gelitten sein; denn gleichwie [...] der Flachs, daraus man Leinwand macht, muß viel leiden, ehe er zum rechten Brauch kommt, und das Ende erreicht, darum er gesäet wird; also müssen die Christen viel leiden, müssen gesäet, geraffelt, gedroschen werden etc. Denn die Tötung des alten Adams gehet vor der Herrlichwerdung und Glorification« (»Tischreden«, krit. Gesamtausg., Bd. 1, Weimar 1912, S. 416).

83,11 *Schneidebrett:* Gemeint ist die Flachs- bzw. Hanfbreche, in der die Stengel gebrochen und von den Holzteilen befreit werden.

83,17 *bergen:* nach Adelung besonders im Obd. auch für ›verbergen‹.

83,18 *Liste von Teufeln, die aus dem Himmel gejagt worden:* Weder im Alten noch im Neuen Testament gibt es eine solche Liste; die Bibel kennt überhaupt nur wenige Namen für den Teufel wie Belial (2. Kor. 6,15) oder Beelzebub (Mt. 12,24). Erst im Mittelalter deutet man weitere biblische Namen als solche von Teufeln.

83,19 *Revolution:* Umwälzung, Aufstand, Umsturz. Erst ab dem 18. Jh. erhält der urspr. astronomische Fachbegriff für den ›Umlauf eines Himmelskörpers‹ seine heutige politisch-gesellschaftliche Bedeutung.

83,19f. *Luzifer:* Lichtbringer; nach Jes. 14,12 als Name des gestürzten Erzengels, des Satans gedeutet.

83,23 *kein Teufel mehr statuiert:* die Existenz eines Teufels wird nicht mehr behauptet, nicht mehr geglaubt.

83,31 *posito:* (lat.) gesetzt den Fall.

83,35 *denn so:* sodann; das überflüssige »so« fehlt noch in der Handschrift.

84,1f. *wie der selige Lutherus sagt:* In dem »Brief an die Fürsten zu Sachsen von dem aufrührischen Geist« (1524) bemerkt Luther über seinen Einzug in Worms: »Wenn ich gewußt hätte, daß soviel Teufel auf mich gezielt hätten als Ziegel auf den Dächern waren zu Worms, wäre ich dennoch eingeritten« (»Werke«, krit. Gesamtausg., Bd. 15, Weimar 1899, S. 214).

84,6 *Reutet:* veraltete Nebenform für »rottet«.

84,8f. *ich weiß jemand:* Jesus im Gleichnis »Vom Unkraut unter dem Weizen« (Mt. 13,24–30).

84,11–15 *Nehmt dem Pöbel ... welche gibt:* Wenzeslaus äußert hier zeitgenössische Argumente und Befürchtungen gegen eine konsequente Volksaufklärung, die das bestehende politische Hierarchiegefüge in Frage stellen und zu dessen Umsturz führen würde.

84,11 *Pöbel:* Volk, einfache Leute; schon bei Adelung meist nur noch abschätzig.

84,12 *freigeistern:* sich von den überlieferten religiösen und sittlichen Wertvorstellungen lösen; im 18. Jh. meist mit starkem negativen Unterton.

84,22 *Kinderlehre:* religiöse Unterweisung, die Kinder vor und nach der Einsegnung erhalten.

84,23 *vom alten Sauerteig:* Vom aufgegangenen, gesäuerten Brotteig wird ein Rest aufbewahrt, der als Treibemittel für den nächsten Teig dient. – Die Wendung geht auf einen biblischen Vergleich zurück; wie schon eine geringe Menge Sauerteig genügt, einen neuen Teig zur Gärung zu bringen, so kann schon ein geringer Rest einer alten Schlechtigkeit den ganzen Menschen verderben (vgl. 1. Kor. 5,6–8).

84,24f. *wer einmal geschmeckt hat die Kräfte der zukünftigen Welt:* vgl. Hebr. 6,4–6: »Denn es ist unmöglich, die, so einmal erleuchtet sind […] und geschmeckt haben das gütige Wort Gottes und die Kräfte der zukünftigen Welt – wo sie abfallen, wiederum zu erneuern zur Buße […].«

84,34–36 *den weisen Männern im Areopagus … Phryne willen:* Auf dem Areopag tagte das höchste Gericht des antiken Athen. Die wegen ihrer Schönheit berühmte Dirne Phryne gewann dort in einem Prozeß ein günstigeres Urteil, indem sie sich vor ihren Richtern entkleidete.

85,3 *ohne Sold:* ohne Gegenleistung.

85,7 *Revieren:* Gegenden, Gefilden; von altfrz. ›riviére‹ ›Ufergelände‹, das im Mhd. zunächst in die Jägersprache aufgenommen wurde.

85,9 *Sorgfalt:* hier gleichbedeutend mit ›Sorge‹.

85,10 *Fleischtöpfen Egyptens … Kanaan:* Unter den Entbehrungen auf der Flucht in das ihm verheißene Land Kanaan (vgl. 2. Mose 6,4) verzagte das Volk Israel und wünschte sich zurück in die ägyptische Gefangenschaft, wo es nicht hatte hungern müssen (vgl. 2. Mose 16,3).

85,16 *Entschließungen:* Gedanken, Betrachtungen, Entschlüssen.

85,19ff. *Zehnte Szene:* Diese Szene beginnt in der handschriftlichen Fassung später, erst mit dem erneuten Auftritt von Wenzeslaus (87,10).

85,27 *Mandel:* Obgleich die wahre Identität Läuffers Wenzeslaus längst bekannt ist (vgl. 46,35), benutzen sowohl er wie Lise auch weiterhin dessen angenommenen Namen.

86,1f. *die Lippen so bleich und die Wangen so rot:* Zur Symbolik der Farben weiß und rot vgl. Anm. zu 45,23.

86,24 *Ziehens:* hier ›Umherziehens, der unsteten Lebensweise‹.

86,32 *allewege:* immer.

86,35 *einewege:* dennoch, doch.

87,2f. *zum Sterben:* umgangssprachl. Übertreibung ›zum Sterben schön‹.

87,10 *Pro deum atque hominum fidem!:* (lat.) Bei der Treue der Götter und der Menschen! – Der Ausruf findet sich mehrfach in der klassischen römischen Literatur.

87,11f. *falscher Prophet! Reißender Wolf in Schafskleidern!:* Anspielung auf Mt. 7,15: »Sehet euch vor vor den falschen Propheten, die in Schafskleidern zu euch kommen, inwendig aber sind sie reißende Wölfe.«

87,14–16 *Es muss ja Ärgernis kommen ... kommt!:* wörtliches Zitat von Mt. 18,7.

87,27–30 *Wenn man mir dies Herz ... für Lisen schlagen:* Läuffer antwortet Wenzeslaus, indem er dessen Matthäus-Zitat aufgreift und seine Liebe zu Lise mit Bildern ausdrückt, die ebenfalls auf Matthäus zurückgehen (vgl. Mt. 5,29f. und 18,8f.).

88,4 *O tempora, o mores!:* (lat.) O Zeiten, o Sitten! – Mit diesem Ausruf beginnt Marcus Tullius Cicero (106–43 v. Chr.) den zweiten Abschnitt seiner ersten »Anklageschrift gegen Catilina«.

88,5f. *Valerius Maximus ... de pudicitia:* Von dem römischen Historiker Valerius Maximus (1. Jh. n. Chr.) stammt eine neunbändige Sammlung »Denkwürdige Taten und Aussprüche«; die hier erwähnte Anekdote über einen sonst unbekannten P. Maenius wird in dem Kapitel »Über die Keuschheit« (de pudicitia), Buch VI,1, § 4, erzählt. Die folgenden lateinischen Zitate sind fast wörtlich dem Originaltext entnommen.

88,8 *die Räson:* ›der Grund‹.

88,8f. *ut etiam oscula ad maritum sincera perferret:* (lat.) daß sie auch ihre Küsse ihrem Gatten rein überbringen sollte.

88,10f. *Etiam oscula, non solum virginitatem, etiam oscula:* (lat.) Auch die Küsse, nicht nur die Jungfräulichkeit, auch die Küsse.

88,16 *profanieren:* entweihen, entwürdigen.

88,18 *Serail:* Die französische Bezeichnung für den Palast eines Sultans meint hier, wie oft, fälschlich nur das Frauengemach, den Harem, dessen Aufseher meist Kastraten waren.

88,19f. *Mietling:* Anspielung auf das Gleichnis vom guten Hirten: »Der Mietling aber, der nicht Hirte ist, des die Schafe nicht eigen sind, sieht den Wolf kommen und und verläßt die Schafe und flieht [...], denn er ist ein Mietling und achtet der Schafe nicht« (Joh. 10,12f.).

88,23 *Eunuch:* von griech. εὐνοῦχος ›Bettwächter‹; Kastrat, Verschnittener.

89,15f. *Connubium sine prole, est quasi dies sine sole:* (lat.) Eine Ehe ohne Kind ist wie ein Tag ohne Sonne (vgl. Wander I, Sp. 727).

89,16 *Seid fruchtbar und mehret euch:* vgl. 1. Mose 1,22.

89,27 *weil doch Heiraten besser ist als Brunst leiden:* Anspielung auf 1. Kor. 7,9: »Wenn sie aber sich nicht können enthalten, so laß sie freien; es ist besser freien als von Begierde verzehrt werden.«

89,32 *Kapaun:* hier für ›Kastrat‹; vgl. Anm. zu 50,21.

89,32f. *befestigt ist:* besteht; die Wendung geht auf Lk. 16,26 zurück.

89,33f. *homuncio:* (lat.) Menschlein, schwacher Mensch; schon im Lat. hat das Diminutiv einen stark abschätzigen Unterton.

90,2 *geschicht:* veraltete Nebenform zu »geschieht«.

90,17 *Ich bin nicht wert, dass ich Ihr Sohn heiße:* erneute Anspielung, diesmal durch direktes Zitat, auf das Gleichnis vom verlorenen Sohn (vgl. Anm. zu 40,12f.): »Vater, ich habe gesündigt gegen den Himmel und vor dir; ich bin hinfort nicht mehr wert, daß ich dein Sohn heiße« (Lk. 15,21).

91,2f. *Katzbalgereien:* Streitereien.

91,25 *Ritter von der runden Tafel:* Der Vergleich bezieht sich auf die Sage von König Artus und den Rittern seiner Tafelrunde.

92,10 *sie entehrt ist:* In der Handschrift stand noch: »ihr Hofmeister sie entehrt hat«; im Gegensatz zur Handschrift wird Läuffer in den letzten beiden Szenen der Druckfassung nicht mehr direkt erwähnt.

92,33–93,1 *Wurm, der mir noch dran nagte:* Die Wendung geht auf die noch im 18. Jh. geläufige volksmedizinische Ansicht zurück, nach der ein Wurm als Erreger bestimmter, meist zum Tode führender Krankheiten galt.

93,1 *präsentieren:* hier ›vorstellen‹.

93,2 *Großmutter:* In der Handschrift von Lenz schon richtiger in »Mutter« verbessert.

93,14 *Tiger:* Der Tiger oder die Tigerin, die ihre Jungen fressen, galten traditionell als Sinnbild der Grausamkeit.

93,20 *Großsohn:* Enkel.

94,3–6 *Doch keiner zu weit … Irrhaus bringen:* In der Handschrift denkt der Major zunächst noch einmal an den Hofmeister, der alle seine urspr. Heiratspläne für Gustchen verdorben hatte: »Aber doch keiner unter unserm Stande – o Gustchen – o ihr verfluchten Hofmeister! Die erste Parthie im Königreich hätte sonst Schwürigkeiten bey mir gefunden – o sie war schön wie die Gottheit eh sei der verdammte – ich mag nicht fluchen und schwören, aber auf einem Königstrohn hätt sie verdient zu sitzen – o du vermaledeyter – ich mag nicht daran denken – wo ist sie.«

94,13f. *Bist ein Philosoph?:* hier ›jmd. der sich über bestehende Vorurteile hinwegsetzt‹.

94,17f. *die Engel aus dem Himmel gefallen:* Über den Sturz der Engel berichten u. a. Offb. 12,7–9 und 2. Petr. 2,4: »Denn Gott hat die Engel, die gesündigt haben, nicht verschont, sondern hat sie mit Ketten der Finsternis zur Hölle verstoßen [...].«

94,33 *gewarten:* veraltet für »gewärtigen, erwarten«.

94,34–36 *wenn's wahr ist ... die Buße tun:* Der Major beruft sich auf Lk. 15,7: »Also wird auch Freude im Himmel sein über *einen* Sünder, der Buße tut, mehr als über neunundneunzig Gerechte, die der Buße nicht bedürfen.«

95,2 *das Ding besser verstund:* nämlich die Erziehung; vgl. I,2.

95,11 *angewandt:* veraltet für »aufgewendet«.

95,12 *es hat doppelte Zinsen getragen:* Anspielung auf das Gleichnis von den anvertrauten Pfunden (vgl. Lk. 19,11ff.).

96,4f. *davon wollen wir ein ander Mal sprechen:* Was Lenz selbst über die *Erziehung junger Frauenzimmer* (95,36) dachte, legte er ausführlicher dar in einem Brief vom 28. September 1777 an Jakob Sarasin (1742–1802); seine dort skizzierten Überlegungen zu einer »Frauenzimmerschule« zielen ganz auf eine praktische Ausbildung künftiger Hausfrauen und Mütter (vgl. Briefe II, S. 108–112).

II. Die Hofmeister. Zum sozialhistorischen Hintergrund

Bevor im ausgehenden 18. und dann im 19. Jh. öffentliche Schulen eine immer größere Bedeutung in der Erziehung und für die vorberufliche Ausbildung Jugendlicher gewinnen, bleibt diese Aufgabe weitgehend der Familie überlassen, oder sie liegt – sofern man es sich leisten kann – in den Händen von Privaterziehern, den Hofmeistern, Informatoren, Gouvernanten etc.

Die Erziehung durch Hofmeister beschränkte sich im 18. Jh. nicht mehr nur auf Adlige, sondern hatte längst bis in den bürgerlichen Mittelstand Verbreitung gefunden. Es bestand daher ein großer Bedarf an Privaterziehern. Nicht wenige bedeutende Autoren von der Aufklärung bis zur Nachklassik begannen ihre berufliche Laufbahn mit einer Anstellung als Hofmeister; sich wenigstens für kürzere Zeit als Privaterzieher zu verdingen, war ein durchaus üblicher Abschnitt im Leben der damaligen literarischen Intelligenz. So hatten etwa Gellert, Kant, Wieland, Herder, Jean Paul, Hölderlin und sein Studienfreund Hegel – um nur einige der bekanntesten Namen zu nennen – z. T. über mehrere Jahre als Hofmeister gedient und später dann selbst solche Stellen an andere vermittelt. Auch Lenz sah sich mehrfach genötigt, eine Hofmeister-Anstellung anzunehmen, zunächst noch als Student in Königsberg und dann nach 1779 als er, ein beinahe gebrochener Mann, in Livland und Rußland wieder – und immer erfolglos – Fuß zu fassen suchte.

Sicher bot sich manchem die Chance, sich während seiner Tätigkeit als Hofmeister weiter fortzubilden oder gar als Reisebegleiter seines Zöglings den eigenen Horizont zu erweitern, was aus eigenen Mitteln nur wenigen möglich war. Es überwiegen aber bei weitem solche Zeugnisse, in denen die Hofmeister-Existenz, das problematische Dasein eines lehrenden Domestiken, als wenig attraktives und eher beklagenswertes Los erscheint. »Der Hofmeister« von Lenz, dessen Wirklichkeitsnähe von Zeitgenossen mehrfach betont wird, ist unter diesen Zeugnissen eines der scharfsichtigsten und kritischsten, doch war das Privaterziehertum, als die Komödie 1774 erschien, schon lange vorher als Institution in Frage gestellt und zum Gegenstand von Satiren und ernsthaften Abhandlungen geworden. Hinter diesen Diskussionen verbirgt sich ein tiefgreifender und konfliktgeladener gesellschaftlicher Wandel, den Ludwig Fertig in einigen seiner Thesen zum Stand des Hofmeisters darstellt:

»Die oft bezeugten Unzuträglichkeiten der Hofmeisterexistenz waren wesentlich durch die Marktsituation bedingt; die Entlohnung hing von Angebot und Nachfrage ab, nicht nur von der Qualität des Bewerbers. Die Überfüllung der Universitäten rief eine scharfe Konkurrenzsituation hervor; die Vermittler von Hofmeisterstellen konnten oft über mehrere Bewerber verfügen. Unstudierte Kandidaten mußten mit geringem Auskommen zufrieden sein; der geringe Lohn förderte nicht gerade pädagogisches Eros und Ethos; oftmals verhielt man sich dann so, wie es in bestimmten Kreisen ohnehin erwartet wurde, als gelehrte Kinderhüter. Die Marktlage war auch von Bedeutung für die Stellung in der Familie. Nicht selten fühlten die Hofmeister ihre Situation als studierte Domestiken; die Herren ließen die Macht durchaus spüren und stellten immer neu den Abstand zur Macht des Geistes her, damit die eigene gesellschaftliche Position und das Selbstbewußtsein stabilisierend. Als Intellektuelle eh wurzellos, fanden die Hofmeister keine durch Recht und Herkommen gesicherte Existenz, sie waren in labiler Situation und erlagen nicht selten ihrer deformatorischen Wirkung. Sie mußten in der Familie, in der sie oft zwischen Eltern und Kindern, Herren und Knechten, den Eltern selbst standen, lavieren und, trotz ihrer eigenen Jugend, diplomatisches Geschick zu erwerben trachten. [...]«

»Der Umstand, daß es so viele Akademiker ohne konkrete Berufsaussichten gab, trug zur gesellschaftspolitischen Bewußtwerdung vieler Hofmeister und zur Schärfung des

Blickes für ihre Probleme bei. [. . .] Die Hofmeisterei war in die Krise geraten. Nicht mehr der einzelne Dienst wurde kritisch betrachtet, sondern die Dienstbereitschaft grundsätzlich attackiert. Es ging nun um den Antagonismus zweier Haltungen, auch um den Anspruch, bei der überkommenen Herrschaft bürgerliche Normen durchzusetzen. Diese Entwicklung verlief parallel zur Tendenz in der literarischen Bewegung vom ›ständischen‹ Dichter zum ›vates‹, zum ›Genie‹, von der Integrationsbereitschaft in die tradierten Formen der ›Feudalität‹ hin zur Hervorkehrung des emanzipierten autonomen Ichs, der eigenen Mündigkeit, die Maß aller Dinge wurde. Wie die Dichter waren dabei auch die Hofmeister einer neuen fremdbestimmenden Macht verfallen: dem freien Markt.«

»Die öffentlichen Debatten um Vor- und Nachteile der Privaterziehung am Ende des 18. Jahrhunderts indizierten deren Krise. In der Hauserziehung, argumentierten deren Anhänger, könne man den Bildungsgang überwachen, die Kinder seien schädlichen Einflüssen nicht ausgesetzt; es bedarf keines Hinweises, daß sich hier auch ständisches Elitedenken durchsetzte. In der Schule herrschten Pedanterie, brachte man vor, Zerstückelung des Angebots, der Stoff, nicht die Kinder mit je verschiedenen Bedürfnissen stehe im Mittelpunkt. Die Apologeten der Schule wiesen darauf hin, nur hier sei Umgang möglich, nur hier könne geselliges Verhalten eingeübt werden, das Kind werde hier nicht vereinzelt und vom Leben abgeschlossen, außerdem nicht verzärtelt; hier seien Konkurrenz, der den Lerneifer belebte, und öffentliche Kontrolle der Lernprozesse möglich; wenn, wie gesagt werde, die Schulen vernachlässigt seien, so brachten ihre Verteidiger vor, sei dies vor allem darauf zurückzuführen, daß sich die Einflußreichen auf die Privaterziehung konzentriert hätten. [. . .]«

Ludwig Fertig: Die Hofmeister. Ein Beitrag zur Geschichte des Lehrerstandes und der bürgerlichen Intelligenz. Stuttgart: Metzler, 1979. S. 94–96.

Dem Argument der besseren, weil individuumsbezogenen Erziehung durch Hofmeister stehen freilich die häufigen Klagen über halbgebildete und ungehobelte Hofmeister gegenüber. Obgleich es keine besonderen Ausbildungsinstitutionen für Hofmeister gab, so finden sich doch detaillierte Beschreibungen der an sie gestellten pädagogischen und gesellschaftlichen Anforderungen. Diese aber mußten die Mehrzahl der durchschnittlichen Bewerber, zumeist arme Theologiekandidaten, in vieler Hinsicht völlig überfordern. Mit einem dreijährigen theologischen Fachstudium konnte man sich nur höchst ungenügend auf die Hofmeister-Tätigkeit vorbereiten.

Das vielgelesene, zuerst 1760 erschienene Handbuch »Unterricht für Informatoren und Hofmeister« von ANTON FRIEDRICH BÜSCHING (1724–93) führt genau aus, was man von einem guten Hofmeister alles erwarten konnte: so sollte er über ein möglichst angenehmes Äußeres, über »Witz, Scharfsinnigkeit und Geschmack« verfügen, um sich in der ungewohnt vornehmen Umgebung angemessen verhalten zu können, er mußte »notwendig *tugendhaft* seyn«, und das meinte besonders Tugenden wie Demut, Bescheidenheit, Anständigkeit und selbstverständlich Gehorsam und Keuschheit; vor allem aber mußte er über ein weitgefächertes Lehrwissen verfügen, weit über das hinaus, was man durch ein Theologiestudium erwerben konnte:

Gelehrsamkeit, welche ein Informator haben muß.

Allgemeine Anmerkungen von derselben.

§ 29. Wer eine gründliche Erkenntniß von vielen und gleich nützlichen Dingen hat, ist ein Gelehrter. Da nun die Informatoren dergleichen Erkenntniß jungen Leuten beybringen sollen: so müssen sie solche vorher selbst besitzen, und folglich Gelehrte seyn.

§ 30. *Die Informators-Gelehrsamkeit*, bestehet, ausser einigen Sprachen, vornemlich in einer gewissen Anzahl von den vielen Wissenschaften, welche man auf den Universitäten zu der Facultät der philosophischen und schönen Wissenschaften rechnet, ausser welchen gemeiniglich noch einige theologische Wissenschaften erfordert werden.

§ 31. Es ist zum Unterricht der Jugend hinlänglich, wenn ein Informator den Grundriß solcher Wissenschaften gründlich inne hat, von den Sprachen aber muß ein mehreres verstehen: es ist auch sehr gut, ja fast nothwendig, daß er sich so viel er kann, auf die allgemeine Gelehrsamkeit lege, und die Verbindung und das Verhältniß der Wissenschaften unter und gegen einander bekannt mache. Überhaupt muß er sich die besten Handbücher, welche zur Befestigung und Erweiterung seiner Erkenntniß dienen, nach und nach anschaffen, und um derselben willen, wenn es nöthig ist, seinem sinnlichen Vergnügen, gern etwas entziehen.

Sprachen, welche ein Informator wohl verstehen muß.

Deutsche Sprache.

§ 32. Ein Informator muß zunächst die Hauptsprache des Landes, in welchem er gebohren und erzogen ist, und also ein Deutscher die deutsche Sprache, richtig reden und schreiben. [...]

Lateinische Sprache.

§ 33. Weil die *lateinische Sprache* die Hauptsprache der Gelehrten ist, und daher von allen Studirenden erlernet wird, so muß ein Informator in derselben gründlich unterrichten können. [...]

Griechische und hebräische Sprache.

§ 34. Viele junge Leute müssen auch in der *griechischen* und *hebräischen Sprache* unterwiesen werden, wozu also auch viele Informatoren geschickt seyn müssen.

Französische Sprache.

§ 35. Unter den auswärtigen europäischen Sprachen, ist die *französische* die beliebteste, und gemeiniglich wird gewünscht, oftmals auch schlechterdings verlangt, daß ein Informator in derselben mit Fertigkeit reden und schreiben könne. Da nun eine solche Fertigkeit auch ihren anderweitigen beträglichen Nutzen hat, und die Informator-Stellen, zu welchen sie unumgänglich erfordert wird, gemeiniglich viel einträglicher sind, als andere: so ist es der Mühe und Kosten werth, sich derselben zu befleißigen.

Wissenschaften, deren ein Informator mächtig seyn muß.

Theologische Wissenschaft

§ 36. Von den meisten Informatoren wird verlangt, daß sie die Kinder und jungen Leute in der *christlichen Lehre* unterrichten sollen, sie müssen also geschickt seyn, solchen Unterricht sowohl *catechetisch* als *akroamatisch* zu ertheilen, und die *christliche Sittenlehre* erbaulich damit zu verbinden.

§ 37. Es ist gewöhnlich, auch nützlich und nöthig, daß der Informator täglich mit seinem Untergebenen einen für denselben schicklichen Abschnitt in der deutschen oder lateinischen *Bibel* lieset. Bey solcher Lesung wird entweder der neu- und lehrbegierige Schüler oftmals fragen, wie dieses und jenes zu verstehen sey? oder der Informator muß aus eigener Bewegung eine *richtige Erklärung ertheilen*, folglich dazu geschickt, oder doch mit guten Hülfsmitteln dazu versehen seyn, und sich derselben zu bedienen wissen

Historische Wissenschaft.

§ 38. Je mehr ein Informator in den *historischen Wissenschaften* gethan hat, je besser ist es für ihn selbst, und für seinen Untergebenen.

Er muß sich das Allgemeine und Nützliche der *Naturhistorie* bekannt gemacht haben, und sich je mehr und mehr nach einer genauern Kenntniß derselben bemühen.

Seine *geographische Kenntnis des Erdbodens* muß richtig, fruchtbar und nützlich seyn, und durch tägliche Übung weiter ausgebreitet werden.

Es wird ihn sehr beliebt und nützlich machen, wenn er die Materien wohl begreift und im Gedächtniß behält, welche in meiner *Vorbereitung zur gründlichen und nützlichen Kenntnis der geographischen Beschaffenheit und Staatsverfassung der europäischen Reiche und Republiken*, vorkommen.

Den Grundris der *allgemeinen Geschichte der Welt*, muß er chronologisch im Kopf haben, und von Zeit zu Zeit erweitern.
Von der *Genealogie*, *Heraldik* und *Münzwissenschaft* muß er auch etwas wissen; und das Wichtigste und Nützlichste aus den *Geschichten der Kirche*, *der Gelehrsamkeit* und der *Gelehrten*, muß ihm bekannt seyn.
Es macht ihm auch sehr beliebt, wenn er eine *gelehrte Bücherkenntnis* besitzt, und etwas von der *Geschichte der Künste* weiß.

Mathematische Wissenschaften.

§ 39. In Ansehung der *mathematischen Wissenschaften*, muß er nicht nur die *Arithmetik* und *Geometrie* verstehen, und gründlich lehren können, sondern es müssen ihm auch die *praktischen* nicht unbekannt seyn. Wenn er *zeichnen* kann, wird ihm solches Ehre und Nutzen bringen. [. . .]

Nothwendigkeit der Lehrgaben.

§ 42. Zu allen obenbeschriebenen Wissenschaften und Geschicklichkeiten, müssen nothwendig auch gute Lehrgaben kommen, oder, der Informator muß vermögend und geschickt seyn, dasjenige was er weiß, und sein Untergebener von ihm lernen soll, ordentlich, deutlich, gründlich und angenehm vorzutragen. Diese Lehrgaben sind so nöthig und unentbehrlich, daß derjenige, dem es daran fehlet, keinen Informator abgeben kann, wenn er gleich alle oben erforderte Gaben und Geschicklichkeiten hat, dahingegen an diesen etwas fehlen kann, wenn nur gute Lehrgaben vorhanden sind. Sie erfordern theils natürliche Fähigkeit und Munterkeit, theils gute Anweisung, und geflissentliche Übung.

Anton Friedrich Büsching: Unterricht für Informatoren und Hofmeister. 2., verb. Ausg. Leipzig: Wienbrack, 1802. S. 34–39.

Büschings Katalog der menschlichen Qualitäten und pädagogischen Fähigkeiten, die man von einem Hofmeister erwarten durfte, macht deutlich, welche Kluft zwischen den Anforderungen, die an Privaterzieher gestellt wurden, und deren Wissen oft bestanden haben muß, das die üblichen, gerade von der theologischen Fakultät entlassenen Bewerber mitbrachten. Hinzu kommt, daß ein Hofmeister seine Tätigkeit nicht als Berufsziel, sondern in der Regel nur als eine Zwischenstation ansah, als *Warte*, wie es in Lenz' Komödie heißt (vgl. 19,10), von wo man möglichst rasch ein besser bezahltes Amt oder eine Pfarre zu erlangen hoffte – und dazu spekulierte man nicht selten auf die Protektion des Patrons, bei dem man tätig war. Mit solchen Aussichten ertrug man dann auch die weniger angenehmen, oft demütigenden Seiten dieser ungeliebten Tätigkeit. In einer kritischen Streitschrift CARL MÜLLERS von 1783 heißt es:

»Unter tausend Hofmeistern sind kaum zwey, welche mehr aus bloßer Lust und Leidenschaft zur Erziehung, als aus den leidigen Absichten: eine Zeitlang gemächlich, angenehm zu leben, und nach kurzer Zeit, je eher, je lieber, dann in eine fette Pfarre zu rücken, in den wichtigen Posten eines Privaterziehers treten. Es ist für einen armen Menschen, allerdings auch was schmeichelhaftes, in einem großen, angesehenen Hause künftig eine Zeitlang bequem zu leben, ohne sich sonderlich abarbeiten zu müssen. Die meisten greifen daher mit beyden Händen zu, wenn ihnen eine solche Gelegenheit entsteht, und untersuchen nicht lange, obs ihnen mehr um die Glückseligkeit der unschuldigen jungen Kinder, als um des Herrn Principals guten Tisch und seine 20 Stück Louisd'or zu thun sey. Oft zwingt sie auch wirklich die Noth dazu, sie mögen Lust und Geschick zum Erziehen haben oder nicht. [...]

Die Folgen der Privaterziehung für den Hauslehrer sind fast eben so traurig. Von der Akademie kehrte er mit seinem bloßen Vorschmacke von wahrer Gelehrsamkeit, und mit seinen reichlichen Heften, die das Übrige enthalten, was er nicht weiß, – in das Haus eines Gönners ein, der, wenn er ihn nützlich findet, ihn eine lange Reihe von Jahren nützet, ehe er ihn in eine Pfarre oder in sonst irgend einen Dienst befördert.

Diese wenige Erkenntniß, die er sich auf der Schule und Universität nun etwa erworben hat, kann er in der Zeit gar nicht vermehren. Denn zum gründlichen Studiren hat er gewöhnlich nicht Zeit, nicht Lust und nicht Hülfsmittel genug in seiner Lage. Es finden sich darin ungemein viel Gelegenheiten zu Zerstreuungen, welchen Erzieher und Zögling nicht ausweichen können, weil die Einrichtung und die Verhältnisse des Hauses dieselben erfordern. Weil nun aber ein junger flüchtiger Mensch, der für seine Bedürfnisse insofern weiter nicht zu sorgen hat, lieber spatzieren geht, und sich angenehm zerstreuet, als daß er tief nachforscht und studirt: so erfolgt es unter hunderten neun und neunzig mal, daß der Hofmeister gar nichts mehr studirt, und auch gar nichts weiter ließt, als was er mit seinen Zöglingen nothdürftig treibt. Und das ist kaum zur Tafel hinlänglich. Da wird hier ein Bischen und dort ein Bischen gelesen, halb verstanden, nicht überdacht, und wieder vergessen. Viele Hauslehrer leben nun noch dazu auf dem Lande, hören und sehen ihres Gleichen gar nicht; ohne alle gelehrte Verbindung, ohne die geringste Ämulation verleben sie da in seliger Allgenügsamkeit vier bis sechs träge Jahre, wo sie dem Staate ganz entzogen werden, – nichts gewinnen und produciren, sondern noch vielmehr schaden, dadurch, daß sie die jungen Fruchtbäumchen des Staats verderben, und ihnen schlechte Früchte inokuliren. [...]

Endlich, wenn er nun alles wieder vergessen hat, was er gelernt hatte; wenn er für alle andere Lagen und Ämter in der Welt unfähig geworden ist: so geht er, vielleicht durch die Gnade seines Patrons, in das erwünschte Predigtamt ein, und wird ein Prediger nach dem gewöhnlichen Schlage.«

Carl Müller: Schädlichkeit der Hauserziehung für Erzieher, Zögling und Staat. Stendal 1783. Zit. nach: Fertig. S. 207–214.

Einem jungen Mann, der als Hofmeister in einer Familie lebte, war es üblicherweise untersagt zu heiraten, was naturgemäß nicht selten zu sexuellen Nöten und Konflikten führte. Auch dies sah Lenz nur zu genau, und es sind nicht wenige ähnliche Fälle dieser »Hofmeisterkrankheit« bezeugt. Mancher verliebte sich in die Frau des Hauses, man denke nur an Hölderlins tragische Liebe zu Susette Gontard, der Diotima seines Romans »Hyperion« (1797); häufiger kam es zu Verhältnissen mit weiblichen Bediensteten oder Frauen außerhalb des Hauses und gelegentlich kam es auch soweit, daß ein Hofmeister, wie bei Lenz, eine Tochter des Hauses verführte. Die Entdeckung eines Verhältnisses hatte normalerweise die umgehende Entlassung zur Folge, doch in glücklicher verlaufenden Fällen konnte es auch der Beförderung der Karriere dienen. Das von Lenz so drastisch ausgestaltete Motiv unfreier Sexualität, hatte schon vor ihm Gottlieb Wilhelm Rabener (1714–71) mehrfach in seinen zeitkritischen Hofmeister-Satiren thematisiert:

»Der Schleifwege zum geistlichen Schafstalle sind so viel, daß jemand dieser Gegend sehr kundig seyn muß, wenn er es unternehmen will, sie alle oder doch nur die meisten davon zu beschreiben. Eines der sichersten und gewöhnlichsten Mittel ist dieses, wenn sich der Candidat durch das Kammermädchen dem Herrn darstellen läßt. Ich glaube nicht, daß jemand so abergläubisch seyn und hierbey etwas bedenkliches finden wird. Wider das Recht der Natur läuft es wenigstens nicht, und die Kirchengeschichte unserer Zeit rechtfertigt den Gebrauch. [. . .]
Diese Betrachtungen bewegen mich, jungen Leuten wohlmeinend zu rathen, daß sie so bald, als es möglich ist, dergleichen Bekanntschaften suchen, um sich ihrem Glücke zu nähern. Ich will es beyden Theilen leicht machen, und für beyde ein Formular liefern, wie man sein Herz in dergleichen Fällen ausschütten müsse.

An ein Kammermädchen.

Mademoiselle,
Da ich weis, wie viel Sie zu gewissen Stunden über den gnädigen Herrn vermögen, so glaube ich, daß ich mein Glück in

keine bessern Hände, als in die Ihrigen, empfehlen kann. Ich wünsche mir, an die Stelle des vorigen Informators zu kommen; und dieses durch Ihren Vorspruch. Sie werden keine Ursache finden, es zu bereuen, da ich mir vorgesetzt habe, die Hochachtung mit Ihnen zu theilen, welche ich sonst der gnädigen Herrschaft ganz schuldig bin, und da ich mich von meinem Vorfahren wenigstens dadurch unterscheiden werde, daß ich weder zu mürrisch, noch zu pedantisch bin, Ihnen bey müßigen Stunden auf vielerley Art zu sagen, daß ich sey,

Mademoiselle,
der Ihrige.
. . . . . .

N. S. Ich bin Magister, drey Ellen drey Zoll lang, sechs und zwanzig Jahr alt, habe, wie man mir sagt, einen feinen Fuß, und bin sehr geneigt, zu seiner Zeit in den Stand der heiligen Ehe zu treten.

Antwort.

Mein Herr Magister,
Ich habe mit ihm geredet, mit dem gnädigen Herrn. Er sagte, . . . nein, gewiß nein, ich kanns Ihnen nicht sagen, was er sagte; erst sagte er gar nichts, aber hernach . . . ich werde ganz roth, er kriegte mich beym Kinne, und sagte, wie er immer ganz spaßhaft ist: He! kleine Hure, willst du dir den Informator . . . ich kanns bey meiner Ehre nicht raus sagen; er fragte mich, ob ich Sie kennte? Bey meiner Frau Muhme habe ich ihn gestern gesehn, sagte ich, und da sagte ich weiter nichts. Mit einem Worte, mein Herr Magister, es ist so gut, als richtig. Die gnädige Frau möchte des Teufels werden; aber es hilft nichts. Der Vorreiter hat ihr des Schulmeisters ältesten Sohn vorgeschlagen und sie hat es auch dem Vorreiter versprochen. Nein, da wird nichts draus Herr Jemine! das fehlte uns noch, so einen rothköpfichten Informator: den sollten wir noch ins Haus kriegen? Machen Sie sich immer fertig. Sobald der gnädige Herr wieder einen Anfall von der Kolike kriegt, will ich ihn noch einmal daran erinnern. Er ist ein gar zu lieber Herr! Wenn Sie zu uns kommen, das will ich Ihnen nur sagen, daß

Sie sich aus der gnädigen Frau gar nichts zu machen haben. Sie hat noch ein Mensche bey sich, das Maulaffengesichte möchte auch gern Kammermädchen heißen. Der vorige Informator sagte immer, sie hätte schöne weiße Zähne; ich denke, der Balg wird ihm wohl nachziehen, wenn er weg ist. Aber, ich weis nun nicht, was sie thun wird, wenn sie nun, ich setze nun den Fall, sie bliebe noch da, da nehmen Sie sich ja vor ihr in Acht, es ist ein böses gefährliches Thier, sie hat ein meschantes Maul. Gott bewahre einen jeden Christen vor ihr! der Nickel! Nun, wie gesagt, machen Sie Ihre Sachen fertig, daß sie auf Weihnachten anziehen können. Ich bin Ihre Dienerinn.

N. S. Wie Gott will! Ich bin immer noch ein und zwanzig Jahr alt. Unser alter Pfarrer wird doch nicht ewig leben. Kömmt Zeit, kömmt Rath. Ihre Dienerinn. Für das schöne Band danke ich; es ist auch ein gar zu niedliches Bändchen. Leipzig bleibt wohl Leipzig.«

Gottlieb Wilhelm Rabener: Satiren. Tl. 3. Leipzig 1771. Zit. nach: Fertig. S. 184–186.

Einen authentischen Blick auf ein Hofmeisterschicksal gewährt eine Episode aus Johann Heinrich Jung-Stillings (1740–1817) autobiographischer Lebensgeschichte; die dort geschilderten Erfahrungen dürften typisch gewesen sein für viele geduckte und gehemmte Menschen, die sich gezwungen sahen, diesen Beruf auszuüben:

»Herr Hochberg kam nun endlich auch herein, denn es war Mittag; dieser vereinigte nun alles, was nur Würde und kaufmännisches Ansehn genennt werden mag, in einer Person. [...] Sowie er hereintrat, schaute er Stillingen ebenso an, wie große Fürsten gewohnt sind, jemand anzuschauen. Stillingen drang dieser Blick durch Mark und Bein, vielleicht ebenso stark, als derjenige tat, den er neun Jahr' hernach für einen der größten Fürsten Teutschlands empfand. Allein seine Weltkenntnis mochte sich auch wohl zu der Zeit gegen die letztere verhalten, wie Hochberg gegen diesen vortrefflichen Fürsten.

Nach diesem Blick nickte Herr Hochberg Stillingen an, und sprach:
›Serviteur Monsieur!‹
Stilling war kurz resolviert, bückte sich so gut er konnte und sagte:
›Ihr Diener, Herr Prinzipal!‹
Doch daß ich die Wahrheit gestehe, auf dieses Kompliment hatte er auch eine Stunde her studieret; da er aber nicht voraus wissen konnte, was Hochberg weiter sagen würde, so war es nun auch geschehen, und seine Geschicklichkeit hatte ein Ende. Ein paarmal ging Hochberg die Stube auf und ab; nun sah er wieder Stilling an, und sagte:
›Sind Sie resolviert als Präzeptor bei mir zu servieren?‹
›Ja.‹
›Verstehn Sie auch Sprachen?‹
›Die lateinische so ziemlich.‹
›Bon Monsieur! Sie brauchen sie zwar noch nicht, doch ist ihre Connoissance[1] das Wesentliche in der Orthographie. Verstehen Sie das Rechnen auch?‹
›Ich habe mich in der Geometrie geübt, und dazu wird das Rechnen erfordert, auch hab ich mich in der Sonnuhrkunst und Mathematik etwas umgesehen.‹
›Eh bien, das ist artig! das konveniert mir; ich geb Ihnen nebst freien Tisch fünfundzwanzig Gulden im Jahr‹.
Stilling ließ sich das gefallen, wiewohl es ihm etwas zu wenig tauchte[2], deswegen sagte er:
›Ich bin zufrieden mit dem, was Sie mir zulegen werden, und ich hoffe: Sie werden mir geben, was ich verdiene.‹
›Oui! Ihre Conduite wird determinieren, wie ich mich da zu verhalten habe.‹
Nun ging man an Tafel. Auch hier sah Stilling, wieviel er noch zu lernen hatte, eh' er einmal Speis und Trank nach der Mode in seinen Leib bringen konnte. Bei aller dieser Beschwerlichkeit spürte er eine heimlich Freude bei sich selbst, daß er doch nun endlich einmal aus dem Staube heraus, und in den Zirkel vornehmer Leute kam, wornach er so lange verlangt

1 Kenntnis.
2 dünkte.

hatte. Alles, was er sah, das zum Wohlstand und guten Sitten gehörte, das beobachtete er aufs genaueste, sogar übte er sich in geschickten Verbeugungen, wenn er allein auf seiner Kammer war, und ihn niemand sehen konnte. Er sahe diese Kondition als eine Schule an, worinnen er Anstand und Lebensart lernen wollte.

[...] Herr und Frau Hochberg hatten geglaubt, daß ihr Informator noch Kleider zu Schauberg habe. Da sie nun endlich sahen, daß er würklich alles mitgebracht hatte, so fingen sie an, schlecht von ihm zu denken, und ihm nicht zu trauen; man verschloß alles vor ihm, war zurückhaltend, und oft merkte er aus ihren Reden, daß man ihn für einen Vagabunden hielte. [...]

Vor und nach machte man ihm sein Amt schwerer. Sobald er des Morgens aufstand, ging er herunter in die Stube; man trank sodann Kaffee, um sieben Uhr war das geschehen, und sofort mußte er mit den Kindern in die Schule, welche aus einem Kämmerchen bestand, das vier Fuß breit und zehn Fuß lang war; da kam er nun nicht heraus, bis man zwischen zwölf und zwo Uhr zum Mittagessen rief, und alsofort nach dem Essen ging er wieder hinein bis um vier Uhr, da man Tee trank; gleich nach dem Tee hieß es wieder: ›Nun, Kinder, in die Schule!‹ und dann kam er vor neun Uhr nicht wieder heraus, dann speiste man zu Nacht, und ging darauf schlafen.

Auf diese Weise hatte er keinen Augenblick für sich, als nur bloß den Sonntag, und diesen brachte er auch traurig zu, weil er wegen Kleidermangel nicht mehr vor die Tür, geschweige zur Kirchen gehen konnte. [...]

Nun war wirklich ein dreiköpfichter Höllenhund auf den armen Stilling losgelassen. Äußerste Bettelarmut, eine immerfort dauernde Einkerkerung oder Gefangenschaft, und drittens ein unerträgliches Mißtrauen, und daher entstandene äußerste Verachtung seiner Person.«

Johann Heinrich Jung-Stilling: Henrich Stillings Jugend, Jünglingsjahre, Wanderschaft und häusliches Leben. Mit einem Nachw. und Anm. von Dieter Cunz. Stuttgart: Reclam, 1968 [u. ö.]. (Reclams Universal-Bibliothek. 662[5].) S. 214–217.

III. Dokumente zur Entstehungsgeschichte

Nach einem Brief, dessen Echtheit jedoch bezweifelt wird (vgl. Briefe I, S. VI), vom 18. September 1770 aus Königsberg an seinen frühen Förderer, den Prediger Theodor Oldekopp (1724–1806), hatte LENZ den »Hofmeister« schon in Königsberg entworfen:

»In der vorigen Woche las ich Reichardt meinen Hofmeister vor. Es ist ein vaterländisches Stück wie der verwundete Bräutigam.«

Zit. nach: Stammler. S. 3.

Lassen sich auch sonst keinerlei Vorarbeiten aus dieser Zeit nachweisen, so darf man aber als gewiß annehmen, daß Lenz in dem Stück Erlebnisse und Erfahrungen seiner Königsberger Studentenzeit (1768–71) verarbeitet hat; so hatte LENZ damals, wie er später selbst mitteilt, die Problematik der Hofmeister-Existenz am eigenen Leibe erfahren:

»Auf der Akademie in Königsberg nahm ich einen Antrag von der Art auf ein halbes Jahr an; weil meine Überzeugung aber, oder mein Vorurtheil wider diesen Stand immer lebhafter wurde, zog ich mich wieder in meine arme Freyheit zurück, und bin *nachher nie wieder Hofmeister gewesen*. Aus Liefland that mir einer meiner ersten Wohlthäter einen Antrag den ich ausschlug: meine Umstände hätten mich fast *genöthigt* unter wenigstens drei Anträgen, die mir hernach wieder geschahen, einen anzunehmen, wenn ich nicht glücklicherweise einen andern Ausweg zu meinem Zweck gefunden.«

Frankfurter gelehrte Anzeigen. Nr. 48/49. 1775. S. 416 f.

Ebenso spiegeln die in Halle und Leipzig spielenden Studentenszenen offenbar das Studentenleben wider, wie es Lenz in Königsberg kennenlernte. Darüber und über ihn selbst berichtet sein Studienfreund, der spätere Komponist und Schriftsteller JOHANN FRIEDRICH REICHARDT (1752–1814):

»Nur selten kam er [Lenz] in die Vorlesungen einiger Professoren; bald fast ausschließlich, dann und wann, in die Vorlesungen unsers verehrungswürdigen Lehrers Kant. Eine sehr vermischte Lektüre und eigne poetische Ausarbeitungen beschäftigten ihn ganz, so oft er in seiner kleinen Kammer allein sein konnte. Er wohnte aber in einem ziemlich engen Hause, das ganz angefüllt war von lustigen wilden Lief- und Curländern, seinen Landsleuten, welche Tag und Nacht in unaufhörlichem Toben beisammen lebten. Oft befand er sich mitten unter ihnen, doch meistens mit seinem Geiste so abwesend, daß junge lustige Bursche häufig dadurch gereizt wurden, ihm allerlei unerwartete Streiche zu spielen, die ihn zuweilen wohl nicht ganz zu sich brachten, und die er allemal mit unbegreiflicher Geduld und Freundlichkeit ertrug. Selbst von seinem Schreibpulte ließ er sich, aus der tiefsten Abwesenheit, oft ohne Murren herausreißen, und brachte seinen Jugendbrüdern zu gefallen die Abende, wohl auch ganze Tage, auf dem Caffeehause zu, ohne an ihrem Kartenspiel und mancherley andern Belustigungen Antheil zu nehmen. Beim Gesange und auch wohl beim Glase, wiewol er wenig vertragen konnte, war er thätiger. Er liebte den Gesang von Herzen und übte auch die Laute mit Eifer. Der Lautenist in seinem Hofmeister ist die Caricaturzeichnung seines Lautenmeisters nach dem Leben. So wie fast alle Charaktere in diesem vaterländischen Stück curländische und preußische Charaktere in Caricatur gezeichnet sind.«

Johann Friedrich Reichardt: Etwas über den deutschen Dichter Jakob Michael Reinhold Lenz. In: Berlinisches Archiv der Zeit und ihres Geschmakkes. Jg. 1796. S. 113 f.

Reichardts Bericht wird durch Lenz indirekt bestätigt; denn in der erhaltenen, doch erst 1772 entstandenen handschriftlichen Fassung des Stückes erscheinen noch die Namen Königsberger und livländischer Bekannter. So heißt der Lautenist Rehaar noch Reichardt, nach Johann Reichardt, dem Vater des Studienfreundes, der als Musiklehrer und Stadtmusikus in Königsberg wirkte; und die Studenten Pätus und

Bollwerk tragen noch die Namen zweier Studienfreunde, Pegau (er sollte später sogar ein Schwager von Lenz werden) und Baumann, die übrigens beide das von Lenz 1770 aus Anlaß von Kants Ernennung zum Professor verfaßte Gedicht mitunterzeichneten.
Auch die Verführungsgeschichte soll nach dem Brief eines Probst SCHRÖDER vom 10. Oktober 1815 an den livländischen Arzt und Lenzforscher Georg Friedrich Dumpf (1777–1849) auf einem tatsächlichen Vorfall basieren:

»Im Vertrauen entdecke ich Ihnen, daß seine nächste Verwandte es mißbilligten, daß Er zum Inhalte seines *Hofmeisters* einen traurigen Vorfall in einer der angesehendsten Familien Lieflands erwählt, und einen vornehmen Gönner so lächerlich darin vorgestellt hatte.«

Zit. nach: Stammler. S. 35.

Bei jener »angesehendsten Familie« soll es sich um die mit der Familie Lenz bekannte Familie von Berg gehandelt haben (vgl. den Taufeintrag zu J. M. R. Lenz im Seßwegenschen Kirchenbuch, GS V, S. 395, und Stammler S. 35), deren Name sogar im Druck unverändert stehenblieb.
Wie bei den anderen Werken von Lenz, deren faktischer Hintergrund besser bekannt ist, wird man auch beim »Hofmeister« davon auszugehen haben, daß Lenz zwar von wirklichen Personen und Geschehnissen ausging, diese Bezüge dann aber frei aus- und umgestaltete.

Das in der Staatsbibliothek der »Stiftung Preußischer Kulturbesitz« (Berlin) aufbewahrte Manuskript des »Hofmeister« hatte Lenz, wie Untersuchungen der Handschrift (vgl. Rosanow, S. 474 f.) und Briefe bezeugen, erst im Jahre 1772 geschrieben. Umstritten bleibt, ob dieses Manuskript eine Reinschrift der ersten Fassung (so Titel und Haug in: WS II, S. 717) oder die Umarbeitung einer früheren Version darstellt, die eventuell sogar schon einem Verleger vorgelegen hatte, wie es Daunicht (GW I, S. 392) für denkbar hält unter Bezugnahme auf eine Briefstelle, die man wohl zu Recht – die

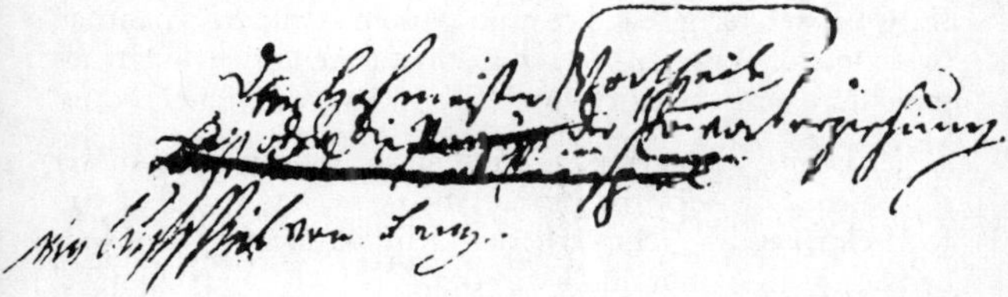

Der Titel des Stückes in der Handschrift:
»Der Hofmeister oder die [gestr.: Vorzüge,] Vortheile der Privaterziehung [gestr.: Lust und Trauerspiel; darunter von fremder Hand: ein Lustspiel] von Lenz«.

---

unsichere Gattungsbezeichnung als Indiz wertend – (vgl. die obige Abb.) mit dem »Hofmeister« verbindet. In einem Brief vom 28. Juni 1772 schreibt LENZ an Johann Daniel Salzmann[1]:

»Mein Trauerspiel (ich muß den gebräuchlichen Namen nennen) nähert sich mit jedem Tage der Zeitigung. Ich habe von einem Schriftsteller aus Deutschland eine Nachricht erhalten, die ich nicht mit vielem Golde bezahlen wollte. Er schreibt mir, mein Verleger, von dem ich, durch ihn, ein unreifes Manuscript zurück verlangte, habe ihm gesagt, es wäre schon an mich abgeschickt. Noch sehe ich nichts. Lieber aber ist mir dies, als ob mir Einer einen Wechsel von 1000 Thalern zurückschenkte.«

Briefe I S. 25.

1 Salzmann (1722–1812) war Aktuar in Straßburg und mit Goethe befreundet (vgl. »Dichtung und Wahrheit«, 9. Buch).

Im Oktober fertigte LENZ eine Abschrift für Salzmann an (s. Briefe I, S. 58 f.), die er noch im gleichen Monat abschickt:

»Hier ist mein Trauerspiel mit dem Wunsch: möchte dieser Raritätenkasten des Ihrigen werth seyn. Das Beste ist, daß wir beim Tausch nicht verlieren, denn unter sympathisirenden Seelen ist communio bonorum. [. . .] Ich habe schon viel Papier hier verbrannt – ein guter Genius hat über dies Trauerspiel gewacht, sonst – und vielleicht hätten Sie nichts dabei verloren. So viel muß ich Ihnen sagen, daß ich es bei diesem ersten Versuch nicht werde bewenden lassen, denn ich fühle mich dazu –«

Briefe I. S. 62 f.

Wohl im Laufe des Jahres 1773 gelangte ein Manuskript des Stückes, eventuell über Salzmann (so Stammler, S. 4) an Goethe, der schließlich den Verleger vermittelte (vgl. S. 93 f.).

Die erhaltene Handschrift scheint zügig abgefaßt, denn sie enthält nur wenige und geringfügige Verbesserungen. Sie unterscheidet sich von der endgültigen Druckfassung im wesentlichen durch die hinzugefügten Szenen II,2 und IV,5 und »eine Straffung des stellenweise allzu unbekümmert wuchernden Dialogs, die zugleich der szenischen Unmittelbarkeit, dem unliterarischen Charakter des aus dem Augenblick und für den Augenblick gesprochenen Wortes Rechnung trägt« (Titel/Haug in: WS II, S. 717). Die folgenden Szenen und Szenenausschnitte aus der handschriftlichen Fassung des »Hofmeister« eignen sich für einen Vergleich mit den entsprechenden Passagen der Druckfassung und geben einen aufschlußreichen Einblick in die letzte Phase der Entstehungsgeschichte des Stückes. Der Text folgt dem Abdruck in WS II, S. 718–723, außer der Szene V,6, die direkt nach der Handschrift wiedergegeben wird:

2. Akt, 1. Szene: Ausschnitt (vgl. 24,35–25,20):

Geh. Rat: Je nun, Ihm ist nicht – – *(liest)* »... wenden Sie doch alles an den H. Geh. Rat dahin zu vermögen, daß er seinen zweiten Junker hieher tut, ich will ihn für dreißig Dukaten informieren, es ist dem Major nur darum zu tun, daß er das Kostgeld für ihn bekommt. Sie können sich nicht vorstellen wie elend ich hier dran bin, nichts nichts wird mir gehalten was mir ist versprochen worden ich speise nur wenn wir allein sind mit der Herrschaft, sobald Fremde da sind muß ich mit den Domestiquen essen, überdem kann ich es mit allem meinem Nachgeben keinem recht machen, wenn die Frau Majorin gnädig gegen mich ist, so ist der Major bitter böse und so *vice versa*. Ich weiß nicht wie ich das auf die Länge werde aushalten können, besonders da ich gar nicht von hier komme und in dem ganzen Jahr noch nicht den Fuß aus Heidelbrunn habe anders wohin setzen können als in die Kirche und das auch nur an den Festtagen. Man hatte mir ein Pferd versprochen alle viertel Jahr nach Königsberg zu reisen, da ich es einmal foderte fragte mich die gnäd[ige] Frau, ob ich nicht lieber zum Carnaval auf Venedig wollte – –« *(wirft den Brief an die Erde)* je nun laß ihn quittieren, warum ist er so ein Tor und bleibt da?

Pastor: Ja das ist eben die Sache *(hebt den Brief auf)* belieben Sie doch nur auszulesen.

Geh. Rat: Was ist da zu lesen – *(liest)* »Dem alle ohngeachtet kann ich dies Haus nicht verlassen, und sollt es mich Leben und Gesundheit kosten, Sie werden mir erlauben Ihnen die Ursachen zu verschweigen. Soviel kann ich Ihnen sagen, daß die Aussichten in eine selige Zukunft mir alle die Mühseligkeiten meines gegenwärtigen Zustandes nicht allein erträglich sondern angenehm und wünschenswert machen« – ja das sind vielleicht Aussichten in die selige Ewigkeit [...].

2. Akt, 5. Szene = 4. Szene der Handschrift (vgl. 33,27–35,21):

In Heidelbrunn

Augustchens Zimmer

Augustchen liegt auf einem Bette. Läuffer steht vor ihr.

Läuffer: Stell dir vor mein liebes Gustchen, der Geheimde Rat will nicht, du siehst daß mir dein Vater das Leben immer saurer macht, und jetzt will er mir nur 40 Dukaten das folgende Jahr geben, wie kann ich das aushalten, ich muß quittieren.

Augustchen (richtet sich auf und küßt ihm die Hand): Peterchen –

L.: Sage mir! rate mir selber, was soll ich anfangen.

A.: Du siehst ich bin schwach und krank, hier in der Einsamkeit unter einer grausamen Mutter – wenn du weggehst Peterchen! so leb ich keine zwei Tage mehr. Was hab ich dir zu Leide getan, daß du mich verlassen willst, Ungetreuer, Falscher.

L.: Hör vielleicht kannst du machen, daß dein Vater dich bald nach Insterburg schickt um in die Präparanten-Lehre zu gehen und vielleicht könntest du machen – weißt du was? du mußt die Zeit abpassen da dein Vater und Mutter unmöglich nach der Stadt kommen können, etwa in der Ernte, und denn deinem Vater vorschlagen denn du kannst doch alles bei ihm ausrichten, daß er dich allein nach der Stadt schickt und zu meinem Vater ins Haus tut. Siehst du da haben wir ein ganz viertel oder halb Jahr für uns: was Vergnügen?

A.: Mein Vater wird es nicht tun, ich kenne meinen Vater, er ist zu eigensinnig dazu und denn ist ja der Geheime Rat in Insterburg, meinst du er werde mich in ein anderes Haus geben, so lang sein Bruder in Insterburg ist und da kriegen wir uns nie zu sprechen, vielleicht nicht einmal zu sehen.

L.: Nicht zu sehen? wenn du zu meinem Vater in die Lehre kommst –

A.: Mein Onkel ist eben so eigensinnig als mein Vater, er wird verlangen dein Vater soll zu ihm ins Haus und mich da präparieren.

L.: Eigensinnig nennst du das? hochmütig nenn es. Der Teufel hole den Adel der euch immerfort sticht.

A.: Wirst du schon wieder aufgebracht – *(küßt ihm die Hand)* liebes Peterchen was kann ich denn dafür, daß mein Vater und Onkel so sind. O wenn du auch böse mit mir werden willst, meine Mutter ist es schon von meinem zehnten Jahr an meine Verwandten alle sind es, mein Vater selber ist mir nicht mehr so gut als vorher, ich weiß nicht warum –

L.: Weißt du aber, daß ich's nicht länger mehr aushalten kann? Dein Bruder ist der ungezogenste Junge den ich kenne, er hat mir neulich eine Ohrfeige gegeben und ich darf ihm nichts dafür tun, darf nicht einmal drüber klagen, denn ich weiß doch daß ich bei deiner Mutter kein Recht bekomme und deinem Vater darf ich's nun gar nicht sagen, denn der würde im ersten Eifer ihm einen Arm oder ein Bein zerbrechen und da hätt ich gar die Hölle auf den Hals denn alle Schuld würde doch zuletzt auf mich fallen –

A.: Aber um meinetwillen Läuffer – halt noch ein wenig aus! Soll ich dich erinnern was wir uns beide versprochen haben.

L.: Ganz gut, aber was soll denn endlich aus uns werden Gustchen? Ich hab Ursache zu vermuten daß es mit dir nicht zum besten steht und wenn einer deiner Verwandten nur das geringste einmal merkte, könnt es mir gehen wie Abälard –

A. (richtet sich auf): Was hast du zu vermuten? ich versichere dich du irrst dich. Wenn es so weit kommt, werde ich dir's gewiß vorher sagen. Ich befinde mich nicht wohl, das ist's alles – Aber sage mir wie ging es dem Abä – Abard – wie hieß er? was war das für einer.

L.: Es war auch ein Hofmeister, der seine Untergebene heiratete, hernach erfuhren's die Anverwandte und ließen ihn kastrieren.

A. (legt sich wieder auf den Rücken): O pfui doch! wann geschah das? ist's lange daß das geschehen ist –

L.: Je ich weiß es nicht, ich habe nur so bisweilen in der Neuen Heloïse geblättert und da die Geschichte gefunden, es kann auch wohl nur eine bloße Erdichtung sein. Willst du das Buch lesen? Wenn du nach Insterburg kommst und zu meinem Vater in Pension – der hat es.

A. (fährt auf): Geschwinde geh! geh! um Gottes willen, ich hör meinen Vater nach der Schulstube hinaufgehn und du weißt unsre Stunde ist schon über drei Viertelstunden vorbei.

L.: Adieu. *(Küßt sie.)* Du mußt deinen Mund ein wenig schwängen, Gustchen, du fängst wieder an erschrecklich zu riechen.

5. Akt, 4. Szene (vgl. 75,21–76,9):

Berg und Reichart begegnen sich auf der Straße.

Reich.: Das ist ja scharmant, scharmant Herr v. Berg daß ich Sie antreffe, ich hab Ihnen ein Briefchen abzugeben das unter meinem *Couvert* gekommen ist, der Herr von Seiffenblase hat an mich geschrieben Sie wissen wohl er hat auch die Laute bei mir gelernt als er in Leipzig war und er hat sich meiner erinnert und hat an mich geschrieben an seinen alten Vater Reichartchen und hat mich gebeten wenn ein gewisser Herr von Berg in Leipzig studierte, möcht ich ihm doch dies Briefchen abgeben.

Berg: Das ist mir lieb, wo hält er sich denn itzt auf der H. v. Seiffenblase –

Reich.: In Königsberg, in Königsberg und was meinen Sie noch oben ein, meine Tochter ist dort angekommen und logiert grad gegen ihm über, denn ihre Tante wohnt itzt in Königsberg, wer Henker sollte das in seinem Leben gedacht haben daß mein Kind noch eine Nachbarin vom H. v. Seiffenblase werden sollte, und er hat ihr tausend Höflichkeiten erwiesen, noch um meinetwillen, alles um meinetwillen, er erinnert sich noch wohl wie er bei mir profitiert hat, er hat seine dreizehn Konzertchen aus dem Kopf weg gespielt sag ich Ihnen, meine Tochter schreibt mir auch er soll sie auf alle Bälle und Konzerte und Komödien und Redouten –

Berg (zieht die Uhr hervor): Liebster Reichart ich habe nicht Zeit ich muß ins Collegium – Hören Sie lassen Sie Pegau nichts davon merken, daß Ihre Tochter so gut Freund mit Seiffenblase ist – *(Geht.)*

Reich.: Auf den Nachmittag – – Herr von Bergchen – *(Geht von der andern Seite.)*

5. Akt, 6. Szene (vgl. 77,1–79,18):

Sechste Scene in Leipzig

Pegau an einem Tisch und schreibt. Berg tritt hinein einen Brief in der Hand.

Pegau. (sieht auf und schreibt fort.)

Berg. Pegau, hast du zu thun!

Peg. Sogleich ... (Berg spaziert stumm auf und ab) Jetzt – (legt sein Schreibzeug weg und steht auf)

Berg. Pegau ich hab einen Brief bekommen und ich kann ihn nicht aufmachen ich weiß nicht was es ist, aber ich kann nicht –

Pegau. Von wo kommt er – ists deines Vaters Petschaft –

Berg. Nein, von dem elenden Pinsel dem Seiffenblase – aber beyde Hände fangen mir an zu zittern sobald ich ihn aufmachen will. Brich doch auf Jung, und ließ mir vor – (wirft sich in einen Lehnstuhl)

Pegau. (bricht auf und liest) Werthester Freund! Die Erinnerung so mancher vergnügter Stunden, die wir in Halle zusammen genossen verpflichtet mich Ihnen zu schreiben und ihr Herz zu fragen, ob es noch für einen abwesenden Freund schlägt, der sich jederzeit dieser angenehmen Stunden erinnern wird – was der Junge für eine rasende Orthographie hat –

Berg. Lies doch nur –

Pegau. Und weil ich es auch nicht über mein Herz bringen

konnte, Ihnen keine Nachricht von meiner Ankunft und von den Neuigkeiten welche hier vorgefallen, als ertheile solche Ihnen als meinem besten Freunde von dero werthesten Familie als welche leider sehr viele Unglücksfälle in diesem Jahr hat ausstehen müssen, weil ich weiß daß daß dieselben mit Ihrem Herrn Papa noch in einigem Mißverständniß leben und er vielleicht langer Zeit Sie nicht geschrieben hat, so werden Sie auch wohl nicht wissen von dem Unglücksfall welcher sich in Ihres Herrn Onkels Hause zugetragen hat mit dem Hofmeister, als welcher Ihre gnädige Cousine verführt hat und deshalb ist aus dem Hause gejagt worden, worüber sie sich also sehr gegrämt hat, daß sie in einen Teich gesprungen nachdem sie vorher von einem Sohn ist entbunden worden, als welcher Trauerfall dero ganze Familie in die höchste Traurigkeit versetzt hat. Ich bin und verbleibe übrigens lebenslang – – – Wie nun Berg! was ist dir – du bist blaß – (zieht ein Lavendelfläschchen hervor und bestreicht ihn) Gott behüt Berg, rede! Wird dir weh, hätt ich dir doch den verdammten Brief – vielleicht ists eine Erdichtung – Berg, Berg

Berg. Laß mich – es wird schon übergehen –

Peg. Soll ich einen Barbier holen, der dir eine Ader schlägt

Berg. Nicht nöthig – ließ mirs noch einmal vor –

Pät. [!] Ja ich werde dir – ich will den hundsvöttischen Brief – es ist eine Erdichtung Berg, du kennst seine Malice –

Berg. Verführt – entbunden – sich ersäuft – (steht auf und schlägt an die Stirn) O Berg deine Schuld! Es ist meine Schuld einzig und allein, einzig und allein: hätt ich sie nicht geliebt, hätt ich ihr nicht geschworen –

Pät. Was geschworen, du bist wohl nicht klug, wie willst du dir die Schuld geben, daß sie sich hat von ihrem Hofmeister verführen lassen.

Berg. Pegau, ich schwur ihr in drey Jahren zurückzukommen und sie denn zu meiner Frau zu machen. Die drey Jahre sind verflossen, ich bin nicht gekommen, ich bin aus Halle fortgegangen, mein Vater hat keine Nachricht von mir bekommen, mein Vater hat mich als einen verlorenen Sohn aufgegeben. Sie hat es gehört, Gram, Verzweiflung, ihre Mutter die ihr streng begegnet obenein, Einsamkeit auf dem Lande, betrogene Liebe – siehst du das nicht ein, Pegau, siehst du das nicht ein! Gott im Himmel! wie weit kanns mit einem Menschen kommen. Ich bin schuld an ihrem Tode, ich bin zeitlebens unglückl., ich bin ein Bösewicht – (wirft sich auf den Stuhl und verhüllt sein Gesicht)

Pät. Lauter Einbildungen die du dir machst, es ist so nicht Berg, es ist so nicht gegangen (stampft mit dem Fuß), tausend Sapperment! Der Spitzbube, der Hundsfot, der Bärenheuter, der Seiffenblase will dich todt haben, er hat dir einen Streich gespielt, du weist er hat dich nie leiden können. Laß mich ihn zu packen kriegen ich will ihm das Fell über die Ohren ziehn, lauter Lügen es ist eine grosse Frage obs noch wahr ist daß sie todt ist, und wenn sie gestorben ist, obs wahr ist daß sie sich selbst umgebracht hat –

Berg. Selbst umgebracht! selbst umgebracht – o das ist entsetzlich –

Pät. (stampft abermal mit dem Fuß) Nein, sie hat sich nicht selbst umgebracht, es ist nicht wahr, Seiffenblase lügt, wir müssen Bestätigung haben eh wir so was glauben können, du weist daß er lügen konnte wie gedruckt und daß er ein schlechtes Herz hat ist weltkundig und du weist wie du ihm einmal in betrunkenem Muth erzehlt hast, daß du deine Cousine mehr liebtest als dein Leben, da war ich ja dabey und das braucht er nun wieder dich um dir einen Streich an deiner empfindlichsten Seite zu versetzen, aber weist du was, weist du was du thust pfuy den Teuffel du must dich nicht grämen du must dir nicht Gedanken machen, es ist alles nicht wahr sag ich dir, aber weist du was du thust hust ihm was, pfeif ihm was, scheiß ihm was, schreib ihm, Ew. Edlen dank dienstfreundlichst für Dero gute Nachricht und bitte Ew. Edlen zu Gast – – den Lausekerl! wenn ich ihn hätte ich wollt ihm – das ist der beste Rath, schreib ihm zurück, Herr ihr seyd ein Hundsvot, das ist das vernünftigste, was du bey der Sache thun kannst –

Berg. Ich will nach hause reisen –

Peg. [!] So reis' ich mit dir – Berg ich laß dich von nun an keinen Augenblick allein

Berg. Aber wovon? Wenn ich nicht abschlägige Antwort befürchten müste so wollt ich bey Leitfuß et Compagnie versuchen, ob sie mir nicht vorstrecken

Pät. [!] Wir wollen sehen, wir wollen zusammen hingehn – wart wir gehn die Lotterie vorbey, heut ist die Post aus Hamburg angekommen, ich hab neulich zwey Loose genommen, zum Spaß wollen wir doch unterwegs nachfragen – –

IV. Dokumente zur Wirkungsgeschichte

1. Die zeitgenössische Rezeption

Die Wirkungsgeschichte des »Hofmeisters« beginnt noch vor der eigentlichen Publikation des Stückes und ist in ihrem Beginn aufs engste mit dem Namen GOETHES verbunden. GOETHE hatte Lenz wohl bald nach dessen Ankunft in Straßburg (im Frühsommer 1771) kennengelernt, doch die zeitweilig enge Freundschaft zwischen beiden entwickelte sich erst im brieflichen Verkehr, nachdem Goethe, der Straßburg im August 1771 verließ, 1773 sein Drama »Götz von Berlichingen« veröffentlicht hatte. Im 14. Buch von »Dichtung und Wahrheit« schreibt GOETHE:

»Kaum war ›Götz von Berlichingen‹ erschienen, als mir Lenz einen weitläufigen Aufsatz zusendete, auf geringes Konzeptpapier geschrieben, dessen er sich gewöhnlich bediente, ohne den mindesten Rand weder oben noch unten, noch an den Seiten zu lassen. Diese Blätter waren betitelt: ›Über unsere Ehe‹ [. . .]. Ich erwiderte sein Vertrauen freundlichst, und weil er in seinen Blättern auf die innigste Verbindung drang (wie denn auch schon der wunderliche Titel andeutete), so teilte ich ihm von nun an alles mit, sowohl das schon Gearbeitete, als was ich vorhatte; er sendete mir dagegen nach und nach seine Manuskripte, den ›Hofmeister‹, den ›Neuen Menoza‹, ›Die Soldaten‹, Nachbildungen des Plautus, und jene Übersetzung des englischen Stücks als Zugabe zu den ›Anmerkungen über das Theater‹.«

Johann Wolfgang von Goethe: Werke. Hamburger Ausg. in 14 Bänden. Bd. 10 7., neubearb. Aufl. München: Beck, 1981. S. 10 f.

Goethe verschaffte Lenz »zu dieser wie zu seinen übrigen Schriften bald Verleger« (ebd.). Auch LENZ war sich bewußt, was er Goethe für die Aufnahme seiner Werke verdankte, und bekannte sich öffentlich dazu in der von ihm selbst verfaßten »Rezension des Neuen Menoza« (1775):

»Ich habe einen Freund, der sich Ruhm genug im Vaterland erworben hatte, um zu meinen ersten Stücken seinen Namen herzugeben [...]. Er ist es, der meine Stücke, die ich ihm zu einer unschuldigen Ergötzung in der Handschrift zuschickte, ohne mein Wissen und Zutun der Welt mitgeteilt [...].«

WS I. S. 414.

GOETHE gab den »Hofmeister« seinem damaligen Verleger, dem Leipziger Verlagsbuchhändler Christian Friedrich Weygand, einem der führenden Verleger der Autoren des Sturm und Drang. Noch bevor das Stück dort im Frühjahr 1774 herauskam, einige Monate vor dem »Werther« und dem »Clavigo«, wies GOETHE in seinem Bekanntenkreis auf die Neuerscheinung hin. Am 6. März schrieb er an Ernst Theodor Langer:

»Gebt auf ein Lustspiel acht, das die Ostermesse herauskommen wird *der Hofmeister* oder *die Vortheile der Privaterziehung*. Ihr hört am Titel dass es nicht von mir ist. Es wird euch ergözzen.«

Johann Wolfgang von Goethe: Werke. Abt. 4. Bd. 2. Weimar: Böhlau, 1887. S. 157 f.

Mit dem »Hofmeister« wurde Lenz beinahe über Nacht berühmt, und es blieb auch – neben den »Soldaten« – sein bekanntestes Stück. Es ist das einzige seiner Werke, das zu seinen Lebzeiten in eine andere Sprache übersetzt wurde (ins Dänische: »Hofmesteren eller den private Opdragelse Fortrin«, Odense 1777) und dem die zweifelhafte Ehre widerfuhr, unautorisiert nachgedruckt zu werden (Biel 1775). Zu der großen, beinahe sensationellen Beachtung, die die Komödie unter den Zeitgenossen fand, trug nicht wenig die anfängliche Ungewißheit über den Autor des anonym erschienenen Buches bei. Mancher vermutete zunächst Goethe als den Verfasser, und fast durchweg verglich man es wegen seiner gleichfalls ›shakespearisierenden‹ Form mit dessen »Götz von Berlichingen«; dadurch freilich blieb die kongeniale Eigen-

ständigkeit von Lenz, die im »Hofmeister« am ausgeprägtesten ist, oft verstellt.
Auf welch außerordentlich starkes und überwiegend positives Interesse das Stück stieß, belegen zahlreiche Briefe, in denen auf das Stück und den bis dahin weithin unbekannten Autor hingewiesen wird. HEINRICH CHRISTIAN BOIE (1744–1806) schrieb am 13. Mai 1774 an Gottfried August Bürger:

»Von Meßneuigkeiten hab ich noch nichts gelesen als Lustspiele nach dem Plautus von Göthe[1] herausgegeben, und den Hofmeister ein Drama halb á la Göthe das die andern und besonders Cramer[2] dem eisernen Götz gleich sezen, mir aber, beym, freylich flüchtigen, Durchblättern, nicht so recht hat schmecken wollen.«

Zit. nach: Stammler. S. 125.

JOHANN HEINRICH VOSS (1751–1826) an Ernestine Boie am 3. Juli 1774:

»Der ›Hofmeister‹ soll nicht von Goethe, sondern von einem seiner Freunde namens Lenz sein. Die Ähnlichkeit mit ›Götz von Berlichingen‹ ist so groß, daß selbst Klopstock getäuscht ward. Das Stück ist vortrefflich.«

Goethe in vertraulichen Briefen seiner Zeitgenossen. Zsgst. von Wilhelm Bode. Bd. 1. Berlin/Weimar: Aufbau-Verlag, 1979. S. 60.

JOHANN GOTTFRIED HERDER (1744–1803) an Johann Georg Hamann am 14. November 1774:

»Er [d. i. Goethe] hat einen Liefländer, Lenz, in Straßburg jetzo Hofmeister zum Nebenbuler seiner Laufbahn, den Verfasser des *Hofmeister* u. *neuen Menoza*, welchen letzten ich auch noch nicht kenne. Dünkt Ihnen nicht auch, daß die

1 In Wahrheit von Lenz.
2 Karl Friedrich Cramer (1752–1807), Mitglied des Göttinger Hainbundes und Freund Bürgers.

Stücke dieser Art tiefer als der ganze Berlinische Litteratur Geschmack reichen.«

Johann Gottfried Herder: Briefe. Bd. 3. Weimar: Böhlau, 1978. S. 129 f.

Während Herder einen konkurrierenden Wettstreit zwischen Goethe und Lenz als Chance für die Erneuerung des Dramas begriff, sah Bürger darin eine Vermessenheit von Lenz; dieser Vorwurf, den später auch Goethe selbst nährte (vgl. »Dichtung und Wahrheit«, 11. und 14. Buch), hing Lenz nahezu bis heute an. GOTTFRIED AUGUST BÜRGER schrieb an Boie am 10. Juli 1775:

»Die Schauspiele, welche Sie neulich mir überschickt[3], hab' ich mit aller Gewalt noch nicht auslesen können. Ich will deswegen noch nicht sagen, daß sie nichts taugen, sondern nur, daß sie mir nicht gefallen. Liegt die Schuld an mir oder an dem Verfasser? Liegt sie darann, daß er überhaupt ein Nachahmer oder ein schlechter Nachahmer ist? –

Goethium quisquis studet aemulari etc.[4]

Wer sollt' es aber wagen,
Vom göttlichen Göthe zu sagen
In Dramen ihm gleich zu seyn?
Er baut auf wächserne Flügel,
Ich geb' ihm Briefe und Siegel,
Er fällt ins Wasser hinein!«

Zit. nach: Stammler. S. 126.

Die über fünfzehn, zum Teil sehr ausführlichen Rezensionen zum »Hofmeister« (das vollständigste Verzeichnis bei Genton, 1966, S. 71) bieten einen ausgezeichneten Einblick in die lebhafte zeitgenössische Diskussion um ein neues, nicht mehr an der aristotelischen Tradition, sondern an Shakespeare orientiertes Drama. Dabei wurde die Komödie meist überaus

3 Es waren »Der Hofmeister« und »Der neue Menoza«.
4 Auf einen, der sich bemüht, Goethe nachzuahmen etc.

lobend, von manchen Kritikern sogar begeistert besprochen, doch fast immer auch mit mehr oder minder starken Einwänden gegen die damals noch ungewöhnliche offene dramaturgische Form und Teile des Inhalts. Besonders die Kastration und das Ansinnen, ein Mann könne bereit sein, ein ›gefallenes‹ Mädchen zur Frau zu nehmen, wurden als moralisch anstößig empfunden.

Als einer der ersten, schon im Juni 1774, stellte Matthias Claudius (1740–1815) das Stück in seinem »Wandsbecker Boten« vor, wobei er vor allem auf die Charaktere einging:

»Diese Leute haben nun einen Vorgang miteinander, und handeln und sprechen dabei ein paar *zivilisierte* Subjekte ausgenommen, nicht wie gemalte Herren sondern ganz natürlich und ungeschminkt von der Leber weg, so wie jedwedem die Natur den Handel- und Sprechschnabel hat wachsen lassen. Freilich ein Maitre des Arts wird mit dem alten Läufer sagen, daß der Autor sich in die Winke und Vapeurs der Frau Majorin (Theorie des Drama einer dampfichten Dame) mehr hätte fügen, und ein feiner artiger Autor sein sollen; er ist aber mit seinem Geheimen Rat des Dafürhaltens, daß ein Autor nicht an der Sklavenkette seufzen noch an den Winken der gnädigen Frau hängen müsse. [. . .] Der Geheime Rat ist ein vortrefflicher Mann, und die besten Figuren des Stücks sind der Major und Wenceslaus. Doch ich will nicht weitläuftig über die Charaktere räsonieren; aber wäre ich König, so wäre der Geheime Rat mein Premierminister, sein Bruder mein Major, Graf Wermuth mein Hof- und Bollwerk mein Feldmarschall, Pätus mein Vorleser und Maitre de Garderobe, Lise meine Maintenon wenn ich nämlich so schwach wäre einer zu bedürfen, Wenceslaus mein Oberkonsistorialrat und Generalsuperintendent, und der Autor mein Freund.«

Matthias Claudius: Sämtliche Werke. München: Winkler, 1968. S. 866 f.

Enthusiastisch begrüßte der anonyme Rezensent der »Frankfurter gelehrten Anzeigen«, die den Sturm-und-Drang-Autoren nahestanden, das Stück als Befreiung von einem steril gewordenen Pseudoklassizismus; er kritisierte jedoch die Kastrationsszene:

»Dank sey dem Manne, der Muth hat, zu zerbrechen, was Geist und Herz bindet, und uns dafür giebt, was so selten ist – Menschen und wahres Gefühl! [...] Wie herrlich, wenn ein Mann so in die mannigfaltige Natur greift, sie uns so darstellt, daß wir ihren Vertrauten beym ersten Blick erkennen! Und dann den Menschen in seinem wahren Wesen, in allen seinen Lagen uns so giebt, daß wir innigst mit ihm fühlen und laut sagen: Er ist uns unser Bruder! – Keinen sahen wir aufhören, der den ersten Bogen dieses Druckes voll Menschheit ergriff. [...] Man wird uns den Enthusiasmus verzeyhen, womit wir dieses Stück ankündigen. Doch was verzeyhen? Wehe dem, der hierinnen nicht mit uns fühlt! Oder, haben ihm die Regeln die Empfindungen nach und nach gestohlen, nun dann mag der bleyerne Masstab Aristotelis und seiner ihn noch mehr erschwerenden Anbeter mit Zentnerlast auf ihm liegen! Was kümmerts uns andre, die wir der Natur huldigen? Wir begrüßen den freundlich, der sie uns einmal wieder aufstellt. Mögen sie immer Bollwerke von Theorien vor ihr Herz postiren; wohl uns, daß wir frey athmen! – [...] Noch ein Wort von Läufer. Wir sehen nicht ab, warum sich der Mensch so ganz ohne Noth und Erwartung kombabisirt[5]. Freylich sagt ihm Wenzeslaus unter andern; wie gut es sey, der Liebe nicht zu pflegen. Auch giebts zwischen ihm und der Lise zu einer guten Scene Anlaß. Aber doch sehen wir den Menschen lieber unverstümmelt, vornehmlich an so wesentlichen Theilen. Das Stück könnte also von einem Theile der Katastrophe Eunuch heissen, und vielleicht dachte der Verf. an den Grundsatz, man müste an dem Glied, gestraft werden, womit man gesündigt hat. Wir hören auf und bitten nur noch den unbekannten Herrn Verfasser, uns bald wieder so angenehm zu überraschen. Drum bitten wir auch Hn. D. *Göthe*, von dem wir sehnlich wünschten, eine Komödie zu sehn, da

5 entmannt.

wir schon einigemal Gelegenheit gehabt, seine Stärke im Komischen in kleinen Stückchen zu bewundern – Und dann noch Stücke, wie Götz – O möchten wir nicht vergebens gewünscht haben!«

Frankfurter gelehrte Anzeigen. Nr. 59. 26. Juli 1774. S. 489–493.

Kaum weniger begeistert besprach im August 1774 CHRISTIAN FRIEDRICH DANIEL SCHUBART (1739–91) die Komödie, für deren Verfasser er zunächst Goethe gehalten hatte, in der »Deutschen Chronik«:

»Ich kann's allen aufgeklärten Deutschen zumuthen, daß sie diese neue ganz eigenthümliche Schöpfung unsers Shakespears, des unsterblichen Dr. *Göthe*, schon werden gelesen, empfunden, angestaunt haben. Kann's ihnen auch zumuthen, daß sie keinen Cicero brauchen, der ihnen die göttliche Natur dieses deutschen Torso anatomire. Aber dir, Landsmann Schwabe! und dir, Nachbar Bayer! muß ich dieß Werk vorlegen, mit der Faust drauf schlagen, und dir sagen: Da schau und lies! Das ist 'mal ein Werk voll deutscher Krafft und Natur. So must dialogiren, die Situationen anlegen, die Charaktere bearbeiten, wenn du ein ächter Deutscher seyn – wenn du auf die Nachwelt kommen willst. Sind gleich die drey Einheiten des Aristoteles, diese Krücken für Lahme, nicht mit französischer Aengstlichkeit beobachtet worden, so entschädigt dich davor die ganze Zauberey des Genies, der volle Strom der Leidenschafft, altdeutsche Krafft und Macht – Das ist Parenthyrsus,[6] meynst du? So komm doch und lies nur! Wirst bewundern die gesetzte Vernunfft des *Geheimenraths*; die heroische Laune des *Majors*; den abgeschmackten Französismus der *Majorinn*; *Gustchens* und *Fritzgens* liebenswürdige Schwärmerey; die vornehme Unwissenheit und Unmacht des *Graf Wermuths*; den in Leipzig geschnitzelten Hofmeister *Läuffer*; das Burschikose der Studenten *Pätus* und *Bollwerk*; die kalte Moral des Hofmeisters von *Seifen-*

6 falscher Enthusiasmus.

blase, und wie dieser Zögling so ganz der Abdruck von seinem Lehrer ist. Und was ist mit dem redlichen Pedanten *Wenzeslaus* zu vergleichen, und mit der ländlichen Unschuld der *Lise*? Nur der *alte Pätus* ist ein Schurk, den ich auch nach seiner Bekehrung nicht leiden kann. Die Entwicklung ist etwas rasch und wunderbar. Was soll das liebe Lisgen mit einem Castraten machen? Und der gute Fritz soll ein Mädchen nehmen, das schon ein Kind gehabt hat? Wenn sie gerad keine gemeine Metze ist, so fällt mir doch hier der altdeutsche Edelmann ein:

Wer 'ne Hur nimmt wissentlich,
Bleibt ein Hundsfut ewiglich.«

Christian Friedrich Daniel Schubart: Gedichte. Aus der »Deutschen Chronik«. Hrsg. von Ulrich Karthaus. Stuttgart: Reclam, 1978 [u. ö.]. (Reclams Universal-Bibliothek. 1821[2].) S. 82 f.

Seinen Irrtum über den Autor klärte SCHUBART in der »Deutschen Chronik« wenige Wochen später, am 8. November, selbst auf:

»Nichts gleicht der innigen Freude, und dem patriotischen Vergnügen, womit ich heute die Nachricht in der ersten Beylage zur deutschen Chronik widerrufe, daß nämlich *Göthe* der *Verfasser des Hofmeisters* sey. Er ists nicht; *Lenz* ists, ein junges aufkeimendes Genie aus Kurland [. . .]. Wer sollte sich nicht freuen, daß wir nun einen Mann mehr haben, den wir den Griechen, und dem ganzen stolzen Auslande entgegen setzen können?«

Zit. nach: Stammler. S. 127.

Die übrigen Besprechungen fallen den vorangehenden gegenüber meist sachlicher aus. Vermutlich von CHRISTIAN GOTTLOB HEYNE (1729–1812) stammt die Rezension in den »Göttingischen gelehrten Anzeigen«, in der die Wirklichkeitsnähe des Stückes hervorgehoben und dann ausführlicher die Problematik der Hofmeistererziehung diskutiert wird:

»Ein merkwürdig Stück, seines Inhalts wegen und als Drama. Man sieht sich in der wirklichen Welt: man hat Majors, Majorinn, Hofmeister, Studenten so handeln, sprechen, gesehen: (denn die Caricatur vom Schulmeister, vom Läufer, vom Lautenisten, kann man wohl als comisch gut hingehen lassen) die Angelegenheit, auf die es los gehet, ist wichtig, die Art, wie Hofmeister angenommen und gehalten werden: die Folgen davon für die Erziehung, für den ganzen Staat. Keine Einheit: aus Preussen nach Halle und Leipzig, und in einer Minute wieder zurück: Sprünge von mehreren Jahren – Und doch (hierin liegt Entschuldigung, Berechtigung und Entscheidung des Zweifels) stört alles dies die Täuschung nicht: noch mehr: die Veränderung des Ortes, der Personen, die alle thätig sind, giebt dem Ganzen eine Art von dringender Eilfertigkeit, von Spannung und Lebhaftigkeit: alles von allen Seiten und Enden ist in Bewegung, und die Erwartung ist erhöhet. Ueber das Verdienst des Stücks als Drama für unser Theater massen wir uns nicht an zu urtheilen. Nur noch die enthaltene Lehre, das Publicum soll von Privatlehrern ganz abgeschreckt werden, da die Gefahren und üblen Folgen dieser Erziehungsart so gar sichtbar sind. Die Sache wäre nun ganz gut, wenn der Herr geh. Rath in diesem Drama nur erst etwas besseres hätte, das er an deren Stelle setzen könnte. Wann der Staat die öffentlichen Erziehungs- und Unterrichtsanstalten auf den rechten Fuß schon gesetzet hätte: dann stünde eher zu wünschen, daß der ganze Orden von Informatoren und Hofmeistern aufgehoben würde; wiewohl auch dann noch voraus erst hiezu eine Einrichtung getroffen seyn müßte, wie junge Gelehrte in ihrem Mittelstande theils genutzt, theils untergebracht werden sollen. Denn das ist noch nicht genug für diese Jahre, daß einer was gelernt hat: wie der Hr. geh. Rath glaubt. Aber so lange dies noch nicht geschehen ist: so lange die Gefahr Herz, Sitten, Körper, Gesundheit, zu verderben bey unsern öffentlichen Anstalten noch weit grösser ist; und sonst Eltern keinen Ausweg haben: so dürfte der V. eher Uebels stiften, und das Mißtrauen, die Geringschätzung und die Verachtung dieser für die Erziehung jetzt so unentbehrlichen Personen bey solchen hochadelichen Eltern nur vergrössern, welche ihrem Beutel zu gute so sehr wünschen, gegen ihrem Hofmeister zu wenigerm verpflichtet zu seyn. Besser wäre es doch immer, die Lehre würde dahin eingeleitet, Eltern sollten überhaupt an der Erziehung auch dann den meisten Antheil nehmen, wenn sie Informatoren, Hofmeister und Französinnen haben; [...].«

Göttingische gelehrte Anzeigen. St. 81. 7. Juli 1774. S. 694 f.

Christoph Martin Wieland (1733–1813) erkennt »den Beobachtungsgeist des Verfassers« an, vermißt jedoch wirklichen Kunstverstand:

»Wenn ein Dichter beydes leistet, die Natur getreu schildert, und sich als einen Meister in der Kunst beweißt, so kann man in der That nicht mehr von ihm fodern. In der Mannigfaltigkeit der Charactere, in ihrer Entwicklung, in der Wahrscheinlichkeit und dem Anschauenden der Gesinnungen hat sich dieser Dichter als ein nicht gemeiner Kenner der Natur bewiesen. Ein Vater, der für blinde Liebe und Unwissenheit in der Erziehungskunst mit Verlust seines Verstandes büssen muß, eine Dame, die Dummheit und Airs genug hat, den Hofmeister als den ersten Domesticken im Hause zu betrachten, ein romantisches Mädchen, das ein Opfer seiner verdorbnen Einbildungskraft wird, ein Schulmeister, der bey aller Pedanterey mehr Weisheit besitzt, als alle übrige Personen des Stücks, eine Wucherin, Frau Blitzer genannt; dis sind die vier Rollen, bey denen man am meisten den Beobachtungsgeist des Verfassers bewundert. Und doch treten ausserdem noch neunzehn Personen auf, die zwar nicht alle handeln, aber doch alle characteristisch reden. Illusion in leidenschaftlichen Gemälden hat er vollkommen in seiner Gewalt. Die Gradation in der Raserey des Vaters, [...] die Mischung von Liebe und Wuth [...], können unter einer grosen Menge ähnlicher Auftritte und Stellen zu Beyspielen dienen. Mit Recht hat er der Natur je zuweilen das aufgeopfert, was man

Anstand zu nennen pflegt, [...]. Seine Stärke in der Kunst entdeckt uns die mehr als gemeine Philosophie, die durch und durch eingewürkt ist; die Geschicklichkeit, eine große Menge ausserordentlicher Begebenheiten gut vorzubereiten; die Ausbildung von den Charakteren des Pätus und Fritz von Berg, die den Leser bey allen ihren Thorheiten und Fehlern mehr an sich ziehen, als fast alle übrige Personen [...]; die raffinirte Laune in den Rollen des Wenzeslaus und Rehaar. – Hätte er doch, ein gleich großer Kenner der Natur und Kunst, beyde auch immer unzertrennlich mit einander verbunden! Aber so vermißt man zuweilen bey der Natur die Kunst, und bey der Kunst die Natur. Es mag in der Natur solche maschinenmäßige Seelen geben, wie der Hofmeister dieses Schauspiels ist. Hier sollen wir Mitleid mit ihm haben, und dies ist unmöglich, wir müssen ihn verachten. In der Natur unterbrechen sich die Begebenheiten eben so sehr, als die hier nur gar zu sehr gehäuften Ereignisse. Aber dadurch wird der getäuschte Leser oft da verlassen, wo er am begierigsten ward, und keine Person ist so durchgeführt, daß wir uns befriedigt fühlten. In der Natur giebt es solche Raisonneurs, wie hier der Geheimerath ist. Doch bey allem Feuer seiner Reden [...] bleibt er für das Schauspiel ein kalter Vertrauter. Um der Kunst willen, das heißt, um ein Stück, das einmal nicht Trauerspiel seyn sollte, nicht tragisch zu enden, ist die Entwicklung unnatürlich übereilt worden. Aussöhnungen, Verzeihungen, Wiedervereinigungen, Lotterien, Heyrathen folgen Schlag auf Schlag, so viele Schwierigkeiten allen diesem entgegenstanden. Am unnatürlichsten und übereiltesten ist des Hofmeisters Schicksal. Zu viel Kunst endlich in gesuchten Ausdrücken und einige Anglicomanie sind Lieblingsfehler unsrer Zeiten.«

Christoph Martin Wieland. In: Der teutsche Merkur. Bd. 7. St. 3. 1774. S. 356–358.

Der Kritiker der »Auserlesenen Bibliothek der neusten deutschen Literatur« bemüht sich in seiner sehr eingehenden lobenden Besprechung, dem neuen dramaturgischen Ansatz gerecht zu werden, doch manches im Inhalt und Ungereimtheiten in der Chronologie verbieten es seiner Meinung nach, das Stück auf die Bühne zu bringen:

»Von den gewöhnlichen theatralischen Regeln ist in diesem Stücke gar nicht die Rede, also werden wir gewis auch dies Stük gar nicht aus dem Gesichtspunkte derselben beurtheilen. [...] Wenn man auf Natur, Schilderung der Charaktere und Dialog sieht, so ist das Stük über alles Lob erhoben. In der That, man kan sich in dem Punkt nichts vortreflicheres gedenken; der Leser mus es aber selbst lesen, denn diese Schönheiten sind von der Beschaffenheit, daß sie sich nicht herausheben lassen, ohne sie zu verstellen. Wenn man aber hernach den Plan betrachtet, so ist darin sehr viel fehlerhaftes, und manches so sehr, daß man nicht begreift, wie ein Mensch, mit so außerordentlichen Gaben zum Schauspieldichter in einem Theile desselben, in einem andern so große Fehler begehen kan. Wir wollen leztere anzeigen, nicht aus Tadelsucht. Nein, wir bewundern so sehr als jemand das Vortrefliche an diesem Schauspiele, wir empfehlen es allen unsern Lesern als eine recht angenehme und lehrreiche Lektür. [...] Unterricht ist der Hauptzwek dieses Stüks: das ist offenbar; denn Rührung, wenigstens starke Rührung, kan es nicht seyn. Diese kan bei der Theilnehmung an so viel Personen, bei der Menge von Begebenheiten, und dem beständigen Hüpfen von einem Gegenstande zum andern nicht erhalten werden. Das fühlt jeder Leser dieses Stüks, und kan dem Verf. selbst nicht unbewust geblieben seyn. Der Verf. hat uns ganz anschauend von dem Satze überführen wollen, Kinder die zu öffentlichen Schulen gehalten werden, gerathen gemeiniglich besser als solche, die man zu Hause von Informatoren ziehen läst. Dies kündigt der Titel an. Unseres Erachtens ist das hier nicht zureichend geschehen: denn erstlich äußern sich die bösen Wirkungen der Privaterziehung an einem Frauenzimmer, und kein kluger Man wird ein junges manbares Mädchen durch einen jungen Hofmeister unterweisen lassen. Die guten Wirkungen der öffentlichen Erziehung äußern sich hingegen an einer jungen Mansperson, und diese Verschiedenheit ist dem Zwecke nachtheilig. [...] Es scheint daher, als hätte das Beispiel an Kindern von einerlei Geschlecht und gleiche Eltern habend, dargestelt werden müssen, um volkommen lehrreich zu seyn. – Das Kastriren des Hofmeisters macht nicht nur, daß das Stük gar nicht vorgestelt werden kan, sondern es ist gar auf keine Art zu entschuldigen. [...] ein gewisser Pudor[7] verbietet solche Züge auf der Bühne, so gut als sie auch angebracht seyn möchten, und doch ließe sich gegen die rechte Konvenienz des gegenwärtigen manches einwenden. Hält der Verfasser diesen Pudorem für Vorurtheil? Es ist gewis keiner, so wenig als die Meinung, daß ein rechtschafner Man niemals eine von einem andern geschändete Frauensperson heirathen dürfe, gegen die der Verf. den Fritz von Berg handeln läst. Keine mildernde Umstände können das erträglich machen; hier hilft auch keine Philosophie. Denn die Sache gründet sich auf die Natur der Dinge, nach welcher eine Frauensperson, die einen solchen Fehltrit begangen hat, nie eine gute Ehefrau werden kan. [...]

Wir rügen hier die Uebertretung der Einheit der Zeit nicht; aber wir können die ungeheure Unordnung, die in der Chronologie des Stüks stekt, nicht unangemerkt lassen. Wir haben die Begebenheiten unmöglich rangiren können. Sol Gustchen und ihre That einigermaßen entschuldigt und Fritz von Berg schuld daran seyn, so mus sie in den Zeitraum fallen, da Fritz länger ausbleibt als er versprochen hatte, und wir mögen rechnen wie wir wollen, so können wir sie nicht anders als im Ende des zweiten Jahres seiner Abwesenheit setzen, und dadurch wird Fritz viel unschuldiger, Gustchen aber erscheint in einem viel schlimmern Lichte. [...] Nach entdekter That läuft Gustchen aus ihres Vaters Hause, komt zu der blinden Betlerin und bleibt da ein Jahr, und geht doch den zweiten Tag nach ihrer Niederkunft von ihr, so daß das Kind nach der mäßigsten Rechnung 13 bis 14 Monat in Mutterleibe

7 Scham.

geblieben ist, und hat Gustchen ihre Schwachheit ein wenig lange zu verbergen gewust, so hat es da anderthalb Jahr gelegen, ein gewis merkwürdiges Phänomen in der Naturgeschichte. [...] Das ist in der That so seltsam, daß wir es gar nicht einmal ein Versehen vom Verfasser nennen können: er mus es mit Fleis gethan haben, und doch können wir nicht einsehn warum? was er dabei für einen Grund gehabt hat? Daß die Betlerin das Kind erst Suschen nent, und es sich dann ergiebt, daß es ein Söhnchen ist, kan nicht anders als auf die übergroße Nachläßigkeit gerechnet werden, so leicht es sich auch ändern läst.

Wir beschließen diese Recension mit einer Bitte an den Verfasser, daß er doch sein großes Genie zur Bühne, das gröste, wenn wir nach diesem Stücke urtheilen sollen, das sich bisher in Deutschland hervorgethan hat, dazu anwenden möge, uns mehrere Stücke zu geben. Wir verlangen zwar nicht, daß er sich ganz an die alten Regeln binden möge, aber das wünschen wir doch, daß er sich denselben in Zukunft ein wenig näher hielte. Wenn er für unsre Bühne patriotisch gesint ist, so ist das nöthig, sonst werden seine Stücke nicht können vorgestelt werden. Wil er aber nicht so gefällig seyn, sondern immer seinen Lauf so ganz excentrisch fortsetzen, so werden uns seine Stücke doch immer angenehme Geschenke seyn, denn die großen Schönheiten derselben werden sie immer zur herlichsten Lektüre machen.«

Auserlesene Bibliothek der neuesten deutschen Literatur. Bd. 7. 1775. S. 385–398.

Die Berliner, in Sachen Literatur gewichtige, aber eher konservative »Allgemeine deutsche Bibliothek« kommt ebenfalls nicht umhin anzuerkennen, das Schauspiel verrate »durchgehends einen Mann, der zu getreuer Schilderung und Darstellung der Natur eine große Anlage hat«, der jedoch als typisches Sturm-und-Drang-Genie »die Hülfe der Kunst recht muthwillig verschmäht hätte«, so daß die Komödie nicht einmal für Leser recht genießbar sei:

»Der Verf. scheint mit dem Vorsatze gearbeitet zu haben, seinen Ideen und seiner Phantasie völlig freyen Lauf zu lassen, ihnen nie durch Rücksicht auf die Vorschriften der Kunst – wovon doch die wichtigern nichts anders sind, als Vorschriften der Natur – den geringsten Einhalt zu thun. Alle Erinnerungen also, die ihm die Kritik machen könnte, wären so gut wie in den Wind geredet. Vielleicht nach fünf oder sechs Jahren wird sich der Verf. mit Schamröthe selbst mehr sagen, als man ihm jetzt sagen könnte.«

Allgemeine deutsche Bibliothek. Bd. 27. 1775. S. 369 f.

Die in den Kritiken geäußerten Einwände hatte LENZ offenbar schon beim »Hofmeister« sorgfältig registriert und sich manche davon schon bald zu eigen gemacht. Öffentlich hat er sich gegen die oberflächliche Interpretation gewehrt, in dem Stück gehe es in erster Linie um eine Kritik der Hofmeistererziehung und der Geheime Rat sei eine Art Sprachrohr des Autors:

»Man hat mir allerlei moralische Endzwecke und philosophische Sätze bei einigen meiner Komödien angedichtet, man hat sich den Kopf zerbrochen, ob ich wirklich den Hofmeisterstand für so gefährlich in der Republik halte, man hat nicht bedacht, daß ich nur ein bedingtes Gemälde geben wollte von Sachen wie sie da sind und die Philosophie des geheimen Rats nur in seiner Individualität ihren Grund hat.«

WS I. S. 385.

Die mehrfach aufgestellte These, Lenz habe eigentlich nicht für die Bühne, sondern Lesedramen geschrieben, darf heute als widerlegt gelten; vgl. dazu Eva Maria Inbar, »Shakespeare in Deutschland: Der Fall Lenz«, Tübingen 1982, S. 73–77. Um sie zu stützen, berief man sich meist auf eine Bemerkung von LENZ in einem Brief an Friedrich Wilhelm Gotter (1746–97) vom 10. Mai 1775:

»Mein Theater ist wie ich Ihnen sage unter freyem Himmel vor der ganzen deutschen Nation, in der mir die untern

Stände mit den obern gleich gelten die pedites wie die equites[8] ehrenwürdig sind. Findt sich niemand in meinen Stücken wieder so bedaure ich Oel und Mühe – ob sie übrigens spielbar sind bekümmert mich nicht, so hoch ich ein spielbares Stück schätze wenn es gut gerathen ist.«

Briefe I. S. 105.

Wie wenig gleichgültig LENZ einer Aufführung seiner Stücke gegenüberstand, zeigt freilich ein anderer Brief, ebenfalls an Gotter; als dieser 1776 mit einer Theatergesellschaft wegen einer Aufführung der Lenzschen Plautus-Bearbeitung »Die Algerier« verhandelte, schrieb ihm LENZ: »ich bin entsetzlich fürs *gespielt werden* wenn es unbeschadet anderer Sachen seyn kann.« (Briefe I, S. 164.)
Aber gerade die gegen die Aufführbarkeit seiner Stücke erhobenen Einwände – hinsichtlich der Form wie des Inhalts – scheinen auf LENZ gewirkt und dazu beigetragen zu haben, daß er schon früh daran dachte, seine Stücke umzuarbeiten; als er um 1775 seine Komödie »Die Freunde machen den Philosophen« schrieb, notierte er auf einem Blatt:

»Wenn ich in Ruh komme, dramatisiere ich sie alle.
Alle meine Stücke sind große Erzgruben die ausgepocht ausgeschmolzen und in *Schauspiele* erst verwandelt werden müssen, so daß alle die Handlungen an einander hängendes Bild machen.«

WS II. S. 753.

Zwei weitere, wohl später zu datierende Notizen verdeutlichen, wie sehr sich Lenz der Schwierigkeiten bewußt war, die Aufführungen seiner Stücke entgegenstanden:

»Goetz anders wie Hofmeister u Soldaten, die aus der Seele herausgeschrieben sind doch auch als Werke der Lust hätten anders behandelt werden können wenn sie nicht bestimmt gewesen wären grosse Schauspiele fürs Lesen zu bleiben.«

Zit. nach: Richard Daunicht: J. M. R. Lenz und Wieland. Dresden: Dittert, 1942. S. 89.

8 die Fußsoldaten wie die Reiter.

»Mein Hofmeister und Soldaten sind von Seiten der Kunst sehr fehlerhaft [...]. Meine andre Stücke sind dramatische noch unbearbeitete Massen. Menoza hat nichts, als dramatische Einkleidung.«

Zit. nach: M[atvej] N. Rosanow: Jakob M. R. Lenz, der Dichter der Sturm- und Drangperiode. Sein Leben und seine Werke. Deutsch von Carl von Gütschow. Leipzig: Schulze & Co., 1909. [Nachdr. Leipzig 1972.] S. 194.

Noch 1780/81, nun ein gebrochener Mann und als Autor schon halb vergessen, dachte LENZ daran, die bedeutendsten seiner »Jugendarbeiten«, darunter den »Hofmeister«, zu bearbeiten und neu herauszugeben. Darüber schrieb er an Lavater am 5. Juli 1780 aus Petersburg:

»Ich werde Ihnen verständlicher werden wenn Sie eine neue NB von mir selbst, der Hand nach verbesserte Ausgabe von fünfen meiner Jugendarbeiten lesen werden: der *Hofmeister. Menoza. Die Soldaten. Freunde* machen den Philosophen und der *Engländer.* Wie nah grenzen doch oft Geschmack und Religion an einander, wie nah und innig sind sie miteinander verbunden, wie weisen die Fehler gegen den ersten so sicher auf Fehler gegen die letztere. Jugendliche Unbesonnenheit, Sorglosigkeit, Sturm, Nichtachten der Verhältnisse, die wir oft durch einen unvorsichtigen Ausdruck unherstellbar zerstören – wie weisen sie sich in dem selbst, was geschrieben war, daß es dauerhaft, daß es ewig gefallen sollte, als unserm kleinen Daseyn und Kräften jedem nach seinem Maas die Ewigkeit abgesteckt ist. Wie viel Edle, leiden unter den gehässigen Mißdeutungen die solche Flecken in unserm Werk veranlassen – und wie ist das alles die Folge der herumziehenden unstäten Lebensart, der der ruhig erwägende Blick auf alles Gute und schöne um sich her, durch tausend unnöthige Unruhe getrübt und umnebelt ist.«

Briefe II. S. 180 f.

Ob Lenz tatsächlich seine Stücke bearbeitet hat, ist zweifelhaft, da sich keinerlei Spuren erhalten haben und es zu der

geplanten Neuausgabe auch nicht kam, wegen der Lenz sich auch von Wieland Rat erbeten und erhalten hatte (vgl. Waldmann, S. 102).
»Der Hofmeister« blieb nicht ohne Einfluß auf die zeitgenössische Dramatik (vgl. Stammler, S. 45–56). Der eklatanteste Fall dabei ist FRIEDRICH MAXIMILIAN KLINGER (1752–1831), der in seinem Drama »Das leidende Weib« (1775) das Stück seines Freundes Lenz stellenweise beinahe plagiatorisch nachahmte, wofür ihn schon die zeitgenössische Kritik tadelte. In der 2. Szene des 3. Aktes dieses Stückes, in dem sogar eine Figur mit dem Namen »Läufer« auftritt, jetzt ein »windiger Belletrist«, nimmt KLINGER sogar an einer Stelle ausdrücklich Bezug auf sein Vorbild – in einem Dialog zwischen einem Adligen und dessen Hofmeister:

HOFMEISTER. Graf Louis, Sie sind auf dem Weg ein Bösewicht zu werden von der schlimmsten Sorte. Leider sah ich das gleich ein; mußte mich der Mangel zu so was treiben?

LOUIS. Ich hätt Sie nimmer gebraucht, und Sie hätten was anders thun können. Lesen Sie den Hofmeister, wie ich schon hundertmal sagte.

HOFMEISTER. Ich habs gethan. Man kann den würdigsten Stand beschimpfen.

LOUIS. Nein, Herr! es ist heilige Wahrheit. Ein Mensch kann immer Brod finden auf eine andre Art. Es soll mir keiner vor die Augen kommen, der Jahre lang Hofmeister war, oder wohl gar zweymal. Er ist kein Mensch mehr.

Friedrich Maximilian Klinger: Dramatische Jugendwerke. Hrsg. von Hans Berendt und Kurt Wolff. Bd. 1. Leipzig: Rowohlt, 1912. S. 197.

2. Die »Hofmeister«-Bearbeitung von F. L. Schröder

Zu den frühesten Bewunderern der Stücke von Lenz gehörte auch einer der bedeutendsten Schauspieler und Theaterleiter der Zeit, FRIEDRICH LUDWIG SCHRÖDER (1744–1816). Als dieser dem Hamburger Theater zwischen 1771 und 1780 vorstand, nahm er, wie kaum einer vor ihm, Stücke Shakespeares, die er z. T. selbst für die Bühne bearbeitete, in das Repertoire auf, und er versuchte, auch einige der umstrittenen und von Shakespeare inspirierten »Originalstücke« der Sturm-und-Drang-Autoren auf die Bühne zu bringen. So inszenierte er 1774 Goethes »Götz von Berlichingen« und 1776 Friedrich Maximilian Klingers Trauerspiel »Die Zwillinge« (den Gewinner eines von Schröder im Jahr zuvor ausgeschriebenen Dramen-Wettbewerbs).

SCHRÖDER hatte schon bald nach dem Erscheinen des »Hofmeisters« und des »Neuen Menoza« daran gedacht, eines der Stücke von Lenz aufzuführen; Lenzens Komödie »Die Freunde machen den Philosophen« (1776) soll sogar Schröders Lieblingsstück gewesen sein (vgl. Friedrich Ludwig Wilhelm Meyer, »Friedrich Ludwig Schröder«, Bd. 1, Hamburg 1819, S. 301). Er entschied sich 1778 für den »Hofmeister«, den er wohl am ehesten für bühnenfähig hielt, um mit diesem Stück am 22. April das gerade renovierte Theater wieder zu eröffnen (vgl. »Litteratur- und Theaterzeitung«, Jg. 1, Hamburg 1778, S. 394 f. und 422). Was die Zuschauer aber damals zu sehen bekamen, ließ das Lenzsche Original kaum mehr erkennen, so sehr hatte SCHRÖDER das Stück be- und umgearbeitet. Er schrieb darüber an den mit ihm befreundeten Dramatiker Friedrich Wilhelm Gotter:

»d. 1. [Januar 1778] *Donnerstag*. Meine heutige Arbeit war am *Hofmeister* von Lenz; und habe auch glücklich meinen Plan zu stande gebracht, aber für die Ausarbeitung glaube ich meine Kräfte zu schwach. [...]
d. 4. *Sonntag*. Den Morgen habe ich bey meinem *Hofmeister* zugebracht. [...]
d. 5. *Montag*. Heute morgen besuchte mich mein künftiger Schwager, dem ich den *Hofmeister* aufgehangen. NB. ganz nach meinem Plan. Solten Sie's wohl glauben, ich habe Mittel gefunden, alle Castrations-Reden des Schulmeisters bey zu behalten, ohne daß die Sache vor sich geht: denn Laufer bekomt Gustchen. Unzer hat hauptsächlich 2 neue Scenen

zwischen Laufer und Gustchen zu machen, worauf alles ankömt. [...]
Freitag. d. 3. [April] Den Morgen hab ich mit der Correktur, und künftigen Einrichtung zugebracht. Das erste Stück der *Hofmeister* von Lenz nach meiner Zusammenschmierung und 2 Scenen zwischen Laufer und Gustchen von Unzer. [...]«

Schröder und Gotter. Eine Episode aus der deutschen Theatergeschichte. Briefe Friedr. Ludw. Schröders an Friedr. Wilh. Gotter. 1777 und 1778. Eingel. und hrsg. von Berthold Litzmann. Hamburg/Leipzig: Voss, 1887. S. 103 f. und 129.

Viel mehr als eine »Zusammenschmierung« kann man die Bearbeitung von Schröder eigentlich auch kaum nennen; sie veranschaulicht aber sehr gut, wie weitreichend selbst ein dem modernen zeitgenössischen Drama aufgeschlossener Theaterleiter wie Schröder meinte, das Original umarbeiten zu müssen, um es vor das damalige Publikum bringen zu können. Von der Bearbeitung erhielt sich im Mannheimer Theaterarchiv eine Abschrift, die Wolfgang Stammler 1908 erstmals beschrieben hat (vgl. Stammler, S. 56–61) und die zuletzt von Elisabeth Genton eingehender untersucht wurde (vgl. Genton, 1966, S. 65–92).
Schröder folgt in seiner Bearbeitung zwar meist dem Wortlaut von Lenz, aber durch drastische Kürzungen, Umstellungen und hinzugefügte Passagen entstand doch beinahe ein anderes Stück. Aus den fünf Akten mit 35 Szenen, die fast immer an einem neuen Ort spielen, wurden in der Bearbeitung vier Akte mit 28 Szenen, für die nun nur noch fünf Bühnenbilder nötig waren, wobei der Ort der Szene nur noch neunmal wechselt. Von den ursprünglich 24 Personen des Stücks blieben lediglich 10 übrig (vgl. Abb. S. 113); so fehlen, um nur einige wichtige Figuren zu nennen, Fritz, Bollwerk, Pätus, Rehaar und seine Tochter, Seiffenblase, der alte Läuffer und Marthe. Mit dem Wegfall der Studentenszenen reduziert sich die Handlung zu einer simplen Liebesaffäre um Läuffer und Gustchen – ohne außereheliches Kind, ohne Kastration und mit banalem Happy-End:

Sonntags den 28. Jänner 1781

wird

auf der hiesigen National-Bühne

aufgeführet

Der Hofmeister.

Ein Schauspiel in vier Aufzügen von Hrn. Lenz, nach einer Umarbeitung von Herrn Schröder.

Personen:

Geheimder Rath von Berg	Herr Brandes.
Major von Berg	Herr Meyer.
Majorin von Berg	Mad Wallenstein.
Augustchen, Tochter des Major	Mlle Baumann.
Graf Wermuth	Herr Boeck.
Lepold, Sohn des Major	Mlle Kirchhöfer jgr.
Läuffer, sein Hofmeister	Herr Beck.
Wenceslaus, Schulmeister	Herr Beil.
Schöpsen, ein Barbier	Herr Kirchhöfer.
Bedienter des Major.	Herr Trinkle.

Nachricht

Wegen einer Unpäßlichkeit von Mad. Toscani kann das angekündigte Stück nicht gegeben werden.

Theaterzettel zur Mannheimer »Hofmeister«-Inszenierung in der Bearbeitung F. L. Schröders

1. Akt: Läuffer, der Sohn des Pastors, und Gustchen von Berg kennen sich hier schon zu Beginn des Stückes. Um ihr näher zu kommen, nimmt Läuffer die Hofmeisterstelle bei der Familie von Berg an; die Majorin und Graf Wermuth behandeln ihn verächtlich, und der Major drückt ihm den Lohn. Der Geheime Rat, von dem Läuffer sich Unterstützung erhofft, belehrt ihn über die Misere des Hofmeisterstandes.
2. Akt: Gustchen und Läuffer haben ein Tête-à-tête im Garten und tauschen Liebesschwüre aus; sie werden ertappt und fliehen getrennt.
3. Akt: Läuffer flieht in die Dorfschule zu Wenzeslaus, wohin auch Graf Wermuth kommt, der jetzt jedoch den Major umgehend von seinen Beobachtungen informiert; Läuffer wird entdeckt und angeschossen.
4. Akt: Gustchen wird am Teich gefunden. In der letzten Szene treffen alle bei Wenzeslaus zusammen; der Major akzeptiert Läuffer als Schwiegersohn und verspricht ihm einen Adelsbrief.
Eine Gegenüberstellung der Szenen von Original und Bearbeitung, wie sie Stammler (S. 58 f.) zusammengestellt hat, verdeutlicht, wie sehr Schröder das Stück umbaute und zusammenstrich, doch selbst nur relativ wenig neue Szenen oder Szenenteile hinzufügte.
Zur Illustration mögen zwei Szenen aus der Bearbeitung von Friedrich Ludwig Schröder dienen, wie sie sich im Soufflierbuch des Mannheimer Nationaltheaters erhalten haben:

2. Akt, 1. Szene

Garten.

Gustchen und Läuffer.

Gustchen. Aber was fehlt Ihnen denn? Die Augen stehen Ihnen ja voll Wasser.
Läuffer. Ich weiß nicht, ich bin doch so glücklich –
Gustchen. So tiefsinnig sind Sie ja noch nie gewesen; ich habe gemerkt Sie essen nichts.

Läuffer. Haben Sie das? in der That? Sie sind ein Muster des Mitleidens.

Gustchen. O Herr Hofmeister! –

Läuffer. Überhaupt werd ich Ihren Herrn Vater bitten, den Gegenstand Ihres Abscheues, Ihres Hasses, Ihrer ganzen Grausamkeit von Ihnen entfernen, ich sehe doch, daß es Ihnen auf die Länge unausstehlich werden wird, von mir Unterricht anzunehmen.

Gustchen. Herr Läuffer! –

Läuffer. O daß mich mein unseliges Schicksal in das Haus führen mußte!

Gustchen. Lieber Herr Läuffer, ich leide mit Ihnen, für Sie – aber –

Läuffer. Aber – o wie man sich irren kann! Die erhabene Gustchen dacht ich, die so weit weg ist über Vorurtheile, über Verhältnisse, welche den Pöbel binden, die blos der Natur und ihrem Gefühle treu ist, allein den Eingebungen ihres schuldlosen Herzens folgt, die einmal der Welt ein Beyspiel geben wird, daß Lieb in unverdorbenen Herzen Siegerinn wird über alles –

Gustchen. Ich danke, Herr Läuffer –

Läuffer. Gustchen, ich bin ein armer Mensch, aber wär ich Fürst, König, ich würde nie meines gleichen lieben. Liebe will Schwierigkeiten, Ungleichheiten – in der Liebe wie in der Religion! ohne Opfer kannst du nicht selig werden.

Gustchen. Ich weis das, ich fühle das; aber soll man sich denn über alles, alles hinaussetzen?

Läuffer. Wenn Sie das nicht können, so werden Sie auch nie tugendhaft seyn. Tugend stößt täglich an die tausend Verhältnisse an, wenn sie nicht drüber sich wegsetzen könnte – O dacht ich, einst im höchsten Taumel des Entzückens der Liebe, wird sie dir sagen: Herrmann, denk ich habe dir alles aufgeopfert! und ich sinke zu ihren Füssen, weine meinen Dank hin, sehe zu ihr auf, und mein Blick antwortet ihr: dafür Gustchen bin ich auch einzig dein, lebe in dir, um dich, jeder Bissen, der dir schmeckt, siehe ich hab ihn erarbeitet, was du siehest, was du anfassest, ist meiner

Hände Werk; Werk der Liebe; am Tage tragen meine Hände dich durch die Sonnenblicke, gegen die Kühle des Abends deckt dich mein eigenes Kleid –

Gustchen. Ach hören, hören Sie auf.

Läuffer. So wandl' ich mit dir das Leben hinauf und hinab, spähe in deinen Armen nach jedem Wunsche deines Herzens, helfe dir siegen in dem Kampfe der Begierden, wische den Kummer von deiner Wange wie Staub –

Gustchen (giebt Ihm die Hand). Ach lassen Sie mich –

Läuffer. So begleitet dich durch jedes Alter die ewig junge Liebe, steht an deinem Sterbelager, wo einmal doch ein durch Liebe ganz glückliches Geschöpf, zum Engel hinüberschlummert, und ohne Klagen, ohne Verzweiflung, ohne Gewalt, folgt dir dein Getreuer, wie ein halbes Herz nur einmal noch zuckt, und der anderen Hälfte nachwelkt. Und geh ich voran –

Gustchen. Ach Herrmann, nein! –

Läuffer. So bereit ich dir zur neuen Liebe eine bessere Stätte, dort wo ich vor allen Himmeln ausrufen werde: Sie ist mein, ich habe sie erkauft durch mein Leben –

Gustchen (Fällt Ihm an den Hals). Ach, ich bin dein, Grausamer! ewig dein! will dir folgen durch die ganze Welt –

Läuffer. Du willst? O so seegne Liebe das Bündniß ein! *(Zu ihren Füssen)*

Gustchen. Steh auf. Wenn man uns sähe.

Läuffer. O knie nieder zu mir, und umarme mich so.

Gustchen. Hier im offenen Garten – Steh auf – Ich schwöre es, ich überlasse mich dir ganz, leite mich, mache mit mir, was du willst.

Läuffer. Göttliche! – Aber Juliette, wirst du deinem Romeo Wort halten? Wirst mir treu bleiben; bedenke, du liebe Seele, es ist lange hin biß an den Tod.

Gustchen. Glaubst du denn, daß deine Juliette so unbeständig seyn kann? Nein ich bin ein Frauenzimmer. Die Mannspersonen allein sind unbeständig.

Läuffer. Nein, Gustchen, die Frauenzimmer allein sind es. Ja, wenn alle Julietten wären! wissen Sie was: nennen Sie mich Ihren Romeo, thun Sie mir den Gefallen. Ich versichere, ich werde in allen Stücken Romeo seyn.

Gustchen. Gehn Sie doch! Ja Sie werdens machen, wie im Gellert steht: Er besah die Spitz und Schneide, und steckt ihn langsam wieder ein.

Läuffer. Sie sollen schon sehen. *(Faßt sie an die Hand)* Gustchen! Gustchen! wenn ich Sie verlieren sollte – der gottlose Graf Wermuth – ich kann Ihnen den Gedanken nicht sagen – Gustchen, aber Sie können ihn schon in meinen Augen lesen – Er wird ein Graf Paris für uns seyn.

Gustchen. Ach Herrmann – so mach ichs wie Julietten.

Läuffer. Was denn? wie denn? – das ist ja eine Erdichtung, es giebt keine solche Art Schlaftrunk *(fällt ihr um den Hals)* Grausame! – aber worüber hast du dich zu beklagen?

Gustchen. Worüber? siehst, ich werde immer schwächer und kränker; hier in der Einsamkeit unter einer barbarischen Mutter – Niemand fragt nach mir, niemand bekümmert sich um mich; meine ganze Familie kann mich nicht leiden, mein Vater selber nicht mehr, ich weiß nicht warum. Seit ich dich sah –

Läuffer. Sieh! dort kömmt dein Vater in den Garten, laß uns voneinander gehn. Wenn er weg ist, so kommen wir hier wieder zusammen. Meine Liebe soll dir alles, alles –

Gustchen. Weg, meine Mutter – *(Sie gehen von zwey Seiten ab.)*

4. Akt, 5. Szene

Vorige [Wenzeslaus, Läuffer]. Major. Gustchen. Geheimerath. Wermuth.

Major. Da du Lumpenhund. Ich danke Gott, daß du nicht krepirt bist, nun muß ich dich wol zum Schwiegersohn annehmen.

Läuffer. Ach Gustchen, Herr Major, ich bin des Todes für Freuden! konnte ich diesen Himmel wol auf Erden erwarten!

Major. Sie sollte die erste Parthie des Königreichs werden – *(für sich)* das ist ein verdammter Gedanke! – wenn ich doch den erst fort hätte, er wird mich noch ins Irrhaus bringen – *(zu Läuffern)* Aber das sag ich dir, Herr Schwiegersohn, beim ersten unfreundlichen Gesicht, das ich bey Gustchen sehe, kriegst du eine Kugel durch den Kopf.

Geheimerath. Du wirst doch nicht, Bruder –

Major. Halt, Herr Geheimerath, steck deine Nase wo anders hin: ehrliche Madame Läuffer ist wol besser, als die Gassenfräulein Berg.

Geheimerath. Meinetwegen –

Graf. Ja, bey so bewannten Umständen ist das vernünftigste –

Major. Schweig er Herr vernünftig, bey sobewannten Umständen? – denk doch – Herr in mein Haus brauchen sie nicht wieder zu kommen. Mein Weib will ich ihnen schicken, wenn sie sie haben wollen.

Wermuth. Herr Major –

Geheimerath. Lassen Sie ihn jetzt, sie kennen ihn ja. *(Graf geht ab.)*

Major (zu Läuffern). Und du Bettler, bleib hier, biß ich dich rufen lasse. Ich will dir einen Adelsbrief kaufen, und eher sollst du nicht in mein Haus kommen, Herr Schwiegersohn. – Nun, wie sie das steht, Fräulein unverschämt. Ist er ihr denn so recht, oder nicht?

Gustchen. Ach mein Vater – *(will ihm zu Füssen fallen)*

Major. Possen! vor dem hättest du sollen gehorsam seyn, Du Nickel! Nun häng nur nicht das Maul. Willst du den Kerl haben? sieh, gleich empfindlich.

Gustchen. Ach ja, mein Vater.

Major. Ha! wenn man euch den Willen thut; nun kommt, kommt, erst will ich mein Weib aus dem Hause jagen, und denn will ich zu dir ziehen, Herr Schwiegersohn. Allons Mamsell, du sollst mir nicht wieder weglaufen. *(Mit Gustchen ab.)*

Geheimerath (zu Läuffer). Herr, das sind Sie wahrhaftig nicht werth.

Läuffer. Ich erkenn es.

Geheimerath. Sehen Sie nun, warum ich euch Hofmeister nicht leiden kann! *(Ab.)*

Läuffer. O Unschuld, seit ich dich verlohren, that ich Schritt auf Schritt in der Leidenschaft, und glaubte mit Verzweiflung zu enden. Wodurch, O Himmel! hab ich Gnade verdient. Nun will ich wieder anfangen zu leben, und wo möglich zu Wenzeslaus wiedergeboren werden.

Wenzeslaus. Er will also heyrathen? er? von dem ich mir so grossen Hoffnung gemacht? der noch vor einer Stunde sprach, als wenn er eine Leuchte der Kirche werden würde. Nun ists vorbey; denn: in amore omnia insunt vitia. Weil er die Klippe nicht vorbey schiffen kann, so fahr er hin, weil doch heirathen besser ist als Brunst leiden; und merk er noch die Lehre: wenn er eine Tochter bekommt, so hüt er sich vor gleiches mit gleichem, und laß er sie von keinem Herr Weiß und Roth erziehen.

Mit dieser Szene, die in der Dorfschule spielt, endet die Bearbeitung.

Wie die Skizze des Handlungsverlaufs und die beiden Szenen illustrieren, nahm die Bearbeitung SCHRÖDERS der zeitkritischen Satire von Lenz fast alle Schärfe und wurde das dramaturgisch revolutionäre Original in eine harmlose und zeittypisch sentimentale Komödie umgeformt, die sich eng an die gewohnten dramaturgischen Normen hielt. Während sich die mehrsträngige Handlung bei Lenz über etwa vier Jahre ausdehnt und das Geschehen an weit auseinanderliegenden Orten spielt, bleibt bei SCHRÖDER nur noch ein Handlungsstrang, dessen Geschehen an einem Ort, Heidelbrunn und Umgebung, und innerhalb einer kurzen Zeitspanne von wenigen Wochen abläuft.
Auf der Bühne hatte die Bearbeitung nur einen bescheidenen Erfolg, obgleich SCHRÖDER, wie aus der folgenden Hamburger Rezension hervorgeht, in der Rolle des Majors glänzte:

»Schröder machte den Major. Ihnen also zuerst den Mann zu zeichnen, der seine Logik nicht beim Katheder sondern beym Kanonenfeuer erlernt hat, und den auf der ganzen runden Welt nichts intereßirt, als sein bis zur Abgötterey von ihm geliebtes Gustchen, und was in seinen Plan für dessen glänzendes Glück Einfluß haben kann; – nun wieder den Vater, in dessen Seele finstre Schwermuth ihren Ruheplatz aufgeschlagen, und der beym Hinwelken seines Kindes sein eignes Daseyn zu vergessen wünscht; – – hierauf als sein Weib hereinstürzt, ihm in dem Gegenstande seines Grams das vom Hofmeister geschändete Mädchen erkennen läßt, Feuer und Flamme in ihm zusammenschlagen, und er die, die ihm diese schreckliche Nachricht bringt, mit sich fortschleift; – und endlich da ihm ein geheimer Zug des Herzens befiehlt, sich einer ins Wasser (es war kein gemaltes) gesprungnen Person nachzustürzen, er sein daraus gezognes Kind aufs Land legt, ganz die Wonne fühlt, sein Gustelchen wieder an sein Herz drücken zu können, in dem Augenblick ihm aber der Gedanke durch den Kopf fährt, daß er das entehrte Mädchen umarme, als die ersten großen Aussichten ihm sich wieder darstellen, und zuletzt doch der gern verzeihende Vater übrig bleibt. – Dies, mein Lieber enthält Schrödersche Bilder, deren Schatten durch Buchstaben abzunehmen, ich nicht vermag.«

Litteratur- und Theater Zeitung 1 (1778) S. 395. Zit. nach: Stammler. S. 132.

Nach nur zwei Vorstellungen wurde das Stück in Hamburg wieder abgesetzt; bei einem Gastspiel in Berlin im Dezember 1778 durfte das Stück »auf öffentlichen Zuruf aus dem Parterre nicht zum zweiten mahle gegeben werden« (Carl Martin Plümicke, »Entwurf einer Theatergeschichte von Berlin«, Berlin/Stettin 1781, S. 296 f.). Länger hielt es sich dagegen in Mannheim auf dem Spielplan, wo man die Bearbeitung zwischen 1780 und 1791 insgesamt elfmal aufführte; in dieser Inszenierung spielte meist der junge August Wilhelm Iffland (1759–1815) den Geheimen Rat.

3. Stimmen des 19. und 20. Jahrhunderts

Als Lenz am 4. Juni 1792 völlig verarmt in Moskau stirbt, wird er nur – wie es in einem Nachruf heißt – »von wenigen betrauert, und von keinem vermißt« (Waldmann, S. 111). Ähnliches gilt für sein Werk, das damals beim literarischen Publikum so gut wie vergessen ist.

Erst die Romantiker entdecken Lenz wieder und wecken neues Interesse für sein Werk. Brentano regt 1806 an, die kaum mehr zugänglichen Arbeiten von Lenz neu aufzulegen, doch kommt es dazu erst 1828 in einer dreibändigen Ausgabe, die LUDWIG TIECK (1773–1853) herausgibt und mit einem ausführlichen Vorwort begleitet:

»Die neue Herausgabe dieser merkwürdigen Schriften ist weder für Kinderstuben noch Mädchen-Pensionen bestimmt. Daß ein junger, sonderbarer, oft unbegreiflicher Dichter, dem Göthe, Wieland, Jacobi und mehre berühmte Männer jener Zeit ihre Achtung nicht versagen konnten, nicht verdient, ganz vergessen zu werden, bedarf keiner Erörterung. – –

Die Schriften haben sich so selten gemacht, daß einige vielleicht ganz verloren sind. Als Bild der Zeit und des damaligen Strebens in einer Hinsicht, und in der andern, um einen Genius kennen zu lernen, der es verdient, und ihn zu studiren, wenn man die Poesie für mehr als Zeitvertreib hält, sind die Werke unsers Lenz außerordentlich lehrreich.«

Jakob Michael Reinhold Lenz: Gesammelte Schriften. Hrsg. von Ludwig Tieck. Bd. 1. Berlin: Reimer, 1828. S. CXX f.

In seiner Einleitung, die über weite Strecken die Form eines fingierten Gespräches hat, setzt sich TIECK freilich weniger mit Lenz auseinander; es geht ihm darin mehr um die gesamte Epoche des Sturm und Drang und die überragende Bedeutung des jungen Goethe. Einzig der »Hofmeister«, den TIECK für Lenzens bedeutendstes Werk hält, wird ausführlicher gewürdigt als Thema einer abendlichen Unterhaltung im

»Goetheschen Clubb«, einem fiktiven Freundeskreis junger Goethe-Enthusiasten, die sich untereinander charakterisierende Beinamen wie der »Orthodoxe«, der »Paradoxe«, der »Historiker« oder der »Vermittelnde« geben (vgl. S. V f.):

»Als die Freunde sich wieder versammelten, ward ›der Hofmeister‹ von Lenz gelesen. Der Paradoxe sagte nach der Lesung des Schauspiels: ich halte dieses Stück für das merkwürdigste des jungen Autors; seine ganze Kraft, Mannigfaltigkeit, Stärke des Humors und Menschenkenntniß findet sich hier am großartigsten, das was peiniget, ist nur vorübergehend, und der Schluß, wenn auch nicht genügend, doch wenigstens nicht so verzweifelnd, wie in andern Schauspielen desselben Autors.
Es ist sehr merkwürdig, sagte der orthodoxe Freund, daß Schröder, dieser große Kenner der Bühne, und der damals noch jung genug war, um sich sogleich von Götz von Berlichingen begeistern zu lassen, diesen Hofmeister so hoch stellte, ihn selbst bearbeitete, den alten Major mit allem Fleiß studierte und mit der größten Vorliebe darstellte, ja daß er diesen Autor dramatischer fand, als unsern Liebling, da er doch sonst sich nicht leicht von Neuigkeiten hinreißen ließ, und gegen die Räuber, die ganz Deutschland nachher aufregten, mit großer Bestimmtheit sprach, auch sich nie ganz mit unserm Schiller hat aussöhnen können und wollen.
Es ist nicht zu verkennen, sagte der Historische, daß das Schauspiel durch Kraft und grelle Farben, durch Wahrheit und ergreifenden Schmerz, selbst durch das, was wir häßlich darin nennen müssen, interessirt. Es sinkt nie bis zur weichlichen Schwäche so mancher neueren Familiengemälde herab, es erhebt sich aber auch niemals so, daß uns das gemeine Bedürfniß des Lebens aus den Augen gerückt würde, und so winseln die wahrhaft schönen und zarten Stellen und Gesinnungen fast wie die verirrten Kinder im kalten Walde, und die Scenen, die an das Große und Furchtbare streifen, können das kümmerliche Leben so mancher andern nicht vergüten. Der Humor, der fast alles durchdringt und durch sein geist-

reiches Lächeln die Mienen der Handelnden erheitert, wird bei der Hauptsache, um die sich das ganze Schauspiel doch dreht, völlig vermißt.
Und diese wäre? fragte der Paradoxe.
Eben, erwiederte jener, die Dogmatik oder Polemik über und gegen die Hofmeisterei. Dadurch giebt sich der Comōdiendichter die Miene eines Lehrdichters, und scheint Leiden, Freuden und seltsame Abentheuer, barocke Figuren, Wahrheit und Thorheit fast nur in seine bunte Tapete verwebt zu haben, um am Ende einen trivialen Satz, der sich eben so von selbst versteht, wie er in dieser Allgemeinheit unrichtig ist, zu illustriren.
Meinethalben! rief der Ketzer; sehn Sie denn aber nicht auch, daß er diese Art und Weise, gleichsam durch Gedanken, die nach Einem Punkte streben, wie einen Rahmen um sein Gemälde zu ziehn, von seinem und unserm Meister gelernt und entlehnt hat?
Wie das? rief der Rechtgläubige.
Nun, fuhr der Paradoxe fort, erinnern Sie sich denn nicht, daß in allen frühern wie spätern Gedichten unsers Göthe, dem Götz, Werther, Clavigo, der Stella, eben so ein Gedanke sichtbar das Ganze in allen seinen Theilen regieret? Milder und poetischer, das gebe ich gleich ungefragt zu, auch ist der Gedanke großartiger, aber doch auf ähnliche Weise.
Sie scheinen mir, sagte der Vermittler, etwas als ein Kennzeichen heraus zu heben, was allen Dramen so wie Romanen gemein ist, ja auch wohl gemein sein muß, wenn sie nur einen Inhalt haben sollen.
[...]
Wenn Sie Recht hätten, fiel der Rechtgläubige ein, so wären Göthe's, so wie Lenzens Dramen eigentlich mehr Novellen in Dialog, als ächte Schauspiele.
So ist meine Meinung, sagte der Ketzer, auch werden Sie zwischen Werther, Meister und den Wahlverwandschaften, oder Dorothea, mit den Schauspielen desselben Dichters, ja zwischen diesen und mancher guten Erzählung keinen so wesentlichen Unterschied finden, wie sich etwa zwischen

Homer und Sophokles, oder den italiänischen und andern Novellisten und Shakspeare offenbart.«

Ebd. S. XVI–XIX.

Tiecks Ausgabe kann in ihrer Bedeutung für die weitere Wirkungsgeschichte kaum überschätzt werden. Eines der interessantesten Beispiele hierfür ist GEORG BÜCHNER, der die Ausgabe in seinem Vaterhaus »vorgefunden und genau gelesen hatte« (Hans Mayer); Spuren seiner Lenz-Lektüre finden sich in seinen Stücken und Briefen. Am beeindruckendsten aber stellt Büchner seine Sympathie für Lenz und dessen Kunstanschauung, die seiner eigenen nahesteht, in der 1835 entstandenen Novelle »Lenz« dar; hier ein Ausschnitt aus dem berühmten ›Kunstgespräch‹ in dieser Novelle:

»Über Tisch war Lenz wieder in guter Stimmung, man sprach von Literatur, er war auf seinem Gebiete; die idealistische Periode fing damals an, Kaufmann war ein Anhänger davon, Lenz widersprach heftig. Er sagte: Die Dichter, von denen man sage, sie geben die Wirklichkeit, hätten auch keine Ahnung davon, doch seien sie immer noch erträglicher, als die, welche die Wirklichkeit verklären wollten. Er sagte: Der liebe Gott hat die Welt wohl gemacht wie sie sein soll, und wir können wohl nicht was Besseres klecksen, unser einziges Bestreben soll sein, ihm ein wenig nachzuschaffen. Ich verlange in allem Leben, Möglichkeit des Daseins, und dann ist's gut; wir haben dann nicht zu fragen, ob es schön, ob es häßlich ist, das Gefühl, daß was geschaffen sei, Leben habe, stehe über diesen beiden, und sei das einzige Kriterium in Kunstsachen. Übrigens begegne es uns nur selten, in Shakespeare finden wir es und in den Volksliedern tönt es einem ganz, in Göthe manchmal entgegen. Alles übrige kann man ins Feuer werfen. Die Leute können auch keinen Hundsstall zeichnen. Da wolle man idealistische Gestalten, aber alles, was ich davon gesehen, sind Holzpuppen. Dieser Idealismus ist die schmählichste Verachtung der menschlichen Natur. Man versuche es einmal und senke sich in das Leben des Geringsten und gebe es wieder, in den Zuckungen, den Andeutungen, dem ganzen feinen, kaum bemerkten Mienenspiel; er hätte dergleichen versucht im ›Hofmeister‹ und den ›Soldaten‹. Es sind die prosaischsten Menschen unter der Sonne; aber die Gefühlsader ist in fast allen Menschen gleich, nur ist die Hülle mehr oder weniger dicht, durch die sie brechen muß. Man muß nur Aug und Ohren dafür haben.«

Georg Büchner: Lenz. Studienausg. Hrsg. von Hubert Gersch. Stuttgart: Reclam, 1984. (Reclams Universal-Bibliothek. 8210.) S. 13 f.

Distanzierter und kritischer setzt sich dagegen FRIEDRICH HEBBEL (1813–63) in einer längeren Tagebucheintragung mit Lenzens Stücken auseinander, die er im Februar 1839 in der Ausgabe Tiecks gelesen hatte; über den »Hofmeister« schreibt er:

»Der Hofmeister zeigt weniger den Dichter, als den trefflichen Zeichner. Es giebt Poeten, deren Personen Nichts als Schauspieler sind, die für ihren Geist agiren. Lenz ist diesen Poeten geradezu entgegengesetzt und dies ist der beste Beweis seines Dichterberufs; er giebt seine poetischen Charactere frei, wie Gott die Menschen. Nur sind sie oft zu frei, zu wenig in Einklang mit der Idee der kleinen Welt, in welcher sie sich bewegen. Dies ist im Hofmeister der Fall. Poetische Charactere werden zusammen geführt, damit sie sich durch einander entwickeln und in einander abspiegeln und so gemeinschaftlich ihr bedingendes endliches Schicksal erzeugen. Hierin liegt das Geheimniß der künstlerischen Composition, bloße Characteristik kann nie die Hauptsache seyn, wenn es nicht etwa ein Characterbild gilt. Die Menschen im Hofmeister stehen aber keineswegs in einem wahlverwandtschaftlichen Verhältniß, sie finden sich zusammen, wie König und Dame und Bube im Kartenspiel zusammen kommen, und ihr Schicksal ist dann am Ende auch ein Kartenschicksal, eine rohe willkürliche Combination des Zufalls. [...] Ein anderer Fehler im Stück ist der, daß Lenz den Hofmeister Läufer durchgehends als symbolisch geltend zu machen sucht, ohne daß er es wirklich ist. Es mag in der Hofmeister-Zeit manchen Lump der Art gegeben haben, aber der Grund davon liegt in der Natur dieser Lumpe, nicht in der Natur ihrer Situation. Läufer macht die Auguste zur Hure und nach der ungeschminkten Lüsternheit der Dirne, die sie in der Bett-Scene entwickelt, zu urtheilen, ist es nicht glaublich, daß ihn dies viel Mühe gekostet hat, es ist vielmehr wahrscheinlich, daß sie sich selbst verführte; ein Andrer hätte sie vielleicht zur Betschwester gemacht: würde dann das Stück ein Hofmeister-Panegyrikus gewesen seyn? Höchstens ein Compliment in fünf Acten für den einzelnen Hofmeister, ein Beweis, daß die Sache in einem speciellen Fall auch einmal so ausfallen könne, also im höheren Sinne ein Nichts. Erstes und letztes Ziel der Kunst ist, den Lebensproceß selbst anschaulich zu machen, zu zeigen, wie das Innerste des Menschen sich innerhalb der ihn umgebenden Atmosphäre, sey diese nun ihm angemessen, oder nicht, entwickelt, wie das Gute das Böse und dieses wieder das Bessere in ihm erzeugt, und wie dies ewige Wachsthum wohl für unser Erkennen, doch keineswegs reell eine Gränze hat; dies ist Symbolik.«

Friedrich Hebbel: Sämtliche Werke. Hist.-krit. Ausg. Besorgt von Richard Maria Werner. Abt. 2. Bd. 1. Berlin: Behr, 1914. S. 315f.

Die literaturgeschichtlichen Darstellungen und Bewertungen von Lenz stehen im 19. Jh. ganz unter dem Einfluß von GOETHES Urteil im 11. und 14. Buch von »Dichtung und Wahrheit« ((1814):

»Herder dringt in das Tiefere von Shakespeares Wesen und stellt es herrlich dar; Lenz beträgt sich mehr bilderstürmerisch gegen die Herkömmlichkeit des Theaters, und will denn eben all und überall nach Shakespearescher Weise gehandelt haben. [...] Für seine Sinnesart wüßte ich nur das englische Wort whimsical, welches, wie das Wörterbuch ausweist, gar manche Seltsamkeit in einem Begriff zusammenfaßt. Niemand war vielleicht eben deswegen fähiger als er, die Ausschweifungen und Auswüchse des Shakespeareschen Genies zu empfinden und nachzubilden.«

Johann Wolfgang von Goethe: Werke. Hamburger Ausg. in 14 Bänden. Bd. 9. 9., neubearb. Aufl. München: Beck, 1981. S. 494 f.

»Aus wahrer Tiefe, aus unerschöpflicher Produktivität ging sein Talent hervor, in welchem Zartheit, Beweglichkeit und Spitzfindigkeit mit einander wetteiferten, das aber, bei aller Schönheit, durchaus kränkelte, und gerade diese Talente sind am schwersten zu beurteilen. Man konnte in seinen Arbeiten große Züge nicht verkennen; eine liebliche Zärtlichkeit schleicht sich durch zwischen den albernsten und barockesten Fratzen, die man selbst einem so gründlichen und anspruchlosen Humor, einer wahrhaft komischen Gabe kaum verzeihen kann.

Ebd. Bd. 10. S. 8.

»Lenz [. . .]; als ein vorübergehendes Meteor, zog nur augenblicklich über den Horizont der deutschen Literatur hin und verschwand plötzlich, ohne im Leben eine Spur zurückzulassen [. . .].«

Ebd. S. 12.

Dieses harte und von Ressentiments nicht freie Urteil wird von einflußreichen Literaturhistorikern nicht nur wiederholt und variiert, sondern schon früh sogar noch verschärft. Ihre an der Klassik orientierten ästhetischen Normen und eine moralisierende Gesinnung verstellen ihnen den Blick: Lenz und sein Werk werden als überspannt, krankhaft und moralisch anstößig abgetan oder gar gänzlich verworfen. Bereits 1840 bestimmt Georg Gottfried Gervinus (1805–71), daß Lenzens »Leistungen unter die traurigsten Beispiele der unsinnigen Verirrungen gehören, die den Deutschen eigenthümlich sind« (»Geschichte der Deutschen Dichtung«, Bd. 4, 4. Aufl., Leipzig 1873, S. 536).
Von einem konservativ katholischen Standpunkt aus sieht

Joseph von Eichendorff (1788–1857) in Lenz nur einen Vertreter jener

»berüchtigten Sturm- und Drangperiode [...], welche mit einer Art von Berserkerwut gegen alle wirklichen und eingebildeten Schranken und natürlicherweise ganz vorzüglich gegen die positive Religion anrannte. [...]
Lenz [...] adoriert die Natur als einzige Gottheit, versteht aber unter dieser Natur eigentlich nur die völlige Losgebundenheit von Konvention, Sittlichkeit und allem Regelnzwang, ohne im mindesten zu ahnen, daß die wirkliche Natur unverbrüchlich sehr strengen Gesetzen folgt und daher einen höhern Gesetzgeber über sich voraussetzt. Gut und schön ist bei ihm alles, was mit dieser vermeintlichen Naturfreiheit übereinstimmt, Sünde bloß das, was ihr widerspricht. Mit gemütlicher Naivetät sucht er daher in seinem ›Neuen Menoza‹ die Geschwisterehe plausibel zu machen, und in seinem ›Engländer‹ die Freigeisterei und Wollust zu verherrlichen, ›die den Himmel preisgibt für Armiden‹. Ebenso natürlich findet er es auch in seinem ›Hofmeister‹, daß die Heldin von dem Hofmeister geschwängert und dennoch gleich darauf von ihrem eigentlichen frühern Liebhaber geheiratet wird, daß ferner besagter Hofmeister sich sodann kastriert und dennoch wieder ein unschuldiges Bauermädchen verführt. So läßt er seine Naturreligion, wie einen Irrwisch, über den Sümpfen und Pfützen und wo irgend das Leben faul ist lustig aufflackern; aber ihm wird nicht wohl dabei, und er sagt selbst: seine Gemälde seien alle ohne Stil, wild und nachlässig aufeinandergekleckst; ihm fehle zum Dichter Muße und warme Luft und Glückseligkeit des Herzens, das tief auf den kalten Nesseln seines Schicksals und halb im Schlamme versunken liege und sich nur mit Verzweiflung emporarbeiten könne; er murre darüber nicht, weil er sich das alles selbst zugezogen.«

Joseph von Eichendorff: Zur Geschichte des Dramas (1854). In: J. v. E.: Werke. Bd. 3. München: Winkler, 1976. S. 467–469.

Etwas wohlwollender beurteilt demgegenüber HERMANN HETTNER (1821–82) Lenzens Stück:

»Mit Recht ist von jeher das erste Stück von Lenz ›Der Hofmeister oder Vorteile der Privaterziehung‹ für seine merkwürdigste und hervorragendste Schöpfung gehalten worden. Es ist in den Jahren 1772 und 1773 geschrieben; in unverkennbarer Nachahmung des ›Götz von Berlichingen‹, dessen erste Bearbeitung Goethe den Straßburger Freunden übersendet hatte. Die Anlage der Charaktere ist von einer individuellen Kraft und Lebendigkeit, wie sie Lenz später nie wieder erreichte. Schröder hat darum dies Stück sogar auf die Bühne gebracht; ein Wagnis, das uns freilich heute unbegreiflich dünkt, und das auch schon damals, wie Plümicke in seiner Berliner Theatergeschichte (S. 227) berichtet, nur sehr geteilten Anklang fand.«

Hermann Hettner: Literaturgeschichte der Goethezeit. Hrsg. von Johannes Anderegg. München: Beck, 1970. S. 170 f.

ERICH SCHMIDT (1853–1913) sieht in der Fabel des »Hofmeisters« nur einen »Rattenkönig der anstössigsten Geschichten« und einen »Apparat beleidigender Unsittlichkeit«:

»Nach dieser Seite und in der nackten, natürlich sein sollenden Vorführung aller Fehltritte ist das Stück so wenig zu retten, wie nach Seiten der Composition, die wiederum ein planloses Durcheinander darstellt. Ueberall fehlt der Kitt. Bald sehen wir Läuffer und Gustchen heimlich beisammen, bald den Major an der Gartenarbeit, bald den verschuldeten Pätus bei sengender Hitze im Pelz, seinem einzigen Kleidungsstücke, zur Vorstellung der Minna von Barnhelm laufen. Viele Scenen liessen sich beliebig umstellen. Läuffer verschwindet für die übrigen Personen. Andere lässt Lenz nach einmaligem Auftreten fallen. Von Skizzen und Scenarien war bei ihm gewiss keine Rede. [. . .]
Welches Leben aber in seinen Figuren! Weil Lenz nach dem Leben zeichnete, hat er lebendige Menschen geschaffen. Am wenigsten individualisiert sind Läuffer, Gustchen, die Ver-

treter des Lehrhaften und die adelige Sippschaft, die nicht viel über die Characteristik der Frau Gottsched und des ganzen älteren Lustspiels hinausreicht. So wenig am Platze einzelne Episoden sind, welche derbrealistische Färbung in den Scenen zu Halle, in dem Geschwätz der Damen, dem Gezänk zwischen Pätus und seiner Wirthin! [...] Lenzens, leider muss man auch sagen, Läuffers Lise ist eine der besten Naiven, welche unser Drama überhaupt aufzuweisen hat. Mit den falschen Gurlis hat sie nichts zu thun, auch ist sie unbefangener, kindlicher, weniger träumerisch als etwa Ifflands Margarethe. Auch hier bewunderungswürdig Lenzens Kunst, mit wenigen Worten volle Anschaulichkeit zu erreichen. [...] Ausser Goethe hätte damals niemand die liebe ländliche Einfalt so wahr und ohne alle maskeradenartigen und sentimentalen Entstellungen der Millerschen und anderer Bauernlieder abbilden können.«

Erich Schmidt: Lenz und Klinger. Zwei Dichter der Geniezeit. Berlin: Weidmann, 1878. S. 34–38.

Der Literaturhistoriker Eduard Engel (1851–1938) verwirft den »Hofmeister« schlankweg als »ungenießbar«:

»In seinen Dramen war Lenz äußerlich etwas erfolgreicher als Klinger: einige seiner Stücke wurden nicht ganz ohne Beifall aufgeführt. Für die Nachwelt sind sie alle unlebendiger Ballast. [...] Verhältnismäßig am bekanntesten und, wenn auch vielleicht nur zum Vergleich mit Goethes Jugenddramen beachtenswert, ist *Der Hofmeister*. Eine ungeheuerliche Fabel: ein Hofmeister verführt seine junge Schülerin, bestraft sich selbst fürchterlich, heiratet, als ein zweiter zur Ehe unfähiger Abälard, ein trotzdem in ihn verliebtes frisches junges Bauernmädchen, und die entehrte adlige Schülerin wird von einem edelmütigen Jugendliebhaber geheiratet, der über alles leicht wegkommt. [...] Als Stück ist der Hofmeister wertlos, als Probe der Auffassung der Stürmer vom Drama belehrend. Aber auch einzelne Keime zu einer dramatischen Entwickelung begegnen uns darin: der Schulmeister Wenceslaus ist gut erfunden oder beobachtet, die Lise in einem kurzen, muntern

Auftritt ein wirkliches Stück Leben; doch bleibt das ganze Stück in seiner wüsten Kunstlosigkeit ungenießbar.«

Eduard Engel: Geschichte der Deutschen Literatur von den Anfängen bis in die Gegenwart. Bd. 2. Leipzig: G. Freytag / Wien: F. Tempsky, 1907.

Die literarhistorische Abwertung Lenzens erreicht einen Höhepunkt bei FRIEDRICH GUNDOLF (1880–1931), der, ohne auf die Stücke, ohne auf Lenzens ästhetische Intentionen näher einzugehen, seinem Werk eigentlich nur noch eine kulturhistorische Bedeutung zubilligt:

»Für die Geschichte Shakespeares in Deutschland bedeutet Lenz nichts Neues, für die Geschichte der deutschen Litteratur bestenfalls eine Kuriosität. Ihn zu retten gegen Goethes Darstellung, gegen jenes Porträt in Dichtung und Wahrheit, das beinahe Lenzens einziges Verdienst um die deutsche Litteratur bedeutet, ist ein unmögliches und törichtes Unterfangen. Er ist der durchschnittliche Typus eines Zerrissenen mit Genieprätentionen, ein Vorläufer Grabbes und des weit begabteren Georg Büchner. Und auch von deren Rettung wollen wir nichts wissen. Überhaupt ist es eine Unsitte, Leute die in ihrem Privatleben unverdientes oder unmässiges Unglück gehabt haben hinterher dadurch zu entschädigen dass man ihre Werke überschätzt. Die Geistesgeschichte hat es nicht mit Privatschicksalen zu tun, sondern mit Leistungen. Die Biographie kann erklären oder entschuldigen warum die Leistungen mangelhaft sind, doch die Wertung der Werke selbst darf von keiner Anti- oder Sympathie mit dem Verfasser als Privatperson bestimmt werden. Lenz ist ein genialisch beanlagter und zerrütteter Mensch gewesen der mittelmässige Nachahmungen Goethes und einige kuriose dramatisch-problematische Aktualitäten mit kultur-historischen, aber ohne seelengeschichtlichen, geschweige dichterischen Wert hinterlassen hat. Für die Geschichte Shakespeares in Deutschland ist er derjenige der die Shakespearische Lustspiel-phantastik eingeschossen hat in die soziale Natürlichkeits-dramatik, wie sie aus missverstandenem Shakespeare entsprang.«

Friedrich Gundolf: Shakespeare und der deutsche Geist. [10. Aufl.] Godesberg: Küpper 1947 [zuerst: 1911]. S. 230 f.

Das aus heutiger Sicht kaum mehr verständliche Urteil Gundolfs entspricht freilich schon seinerzeit nicht mehr der wirklichen rezeptionsgeschichtlichen Entwicklung. Bereits vor der Jahrhundertwende erlebt Lenz eine gewisse Renaissance unter den Naturalisten, die in ihm einen Vorläufer ihrer eigenen antiidealistischen und sozialkritischen Kunstbestrebungen erkennen. Als einer der ersten weist Carl Bleibtreu (1859–1928) auf diese verschüttete Traditionslinie:

»Eine heilsame Reaction gegen die kosmopolitischen und antiken Neigungen der beiden grossen Dioskuren trat in den Romantikern kräftig hervor, deren erneutem Hinweis auf Shakespeare, welchen Goethe sehr bald und Schiller allmählich aus den Augen verloren, wir die dämonische Urwüchsigkeit der Kleist'schen und Grabbe'schen Dramatik verdanken, auf welche jedoch auch Schiller's historischer Sinn Anregungen ausübte. Viel bedeutsamer erscheinen mir die fruchtlos gebliebenen Bemühungen der älteren Stürmer und Dränger, welche mit dem jungen Goethe zusammen die Tragik der alltäglichen Wirklichkeit zu gestalten suchten – mit geringerer Begabung, aber weit grösserer Energie. Ich fasse hier ausser Klinger natürlich in erster Linie den genialen Reinhold Lenz in's Auge, die jammervollste aller Literaturleichen.
Es ist hier nicht der Ort, es näher auszuführen. Aber die vulgäre Kunstanschauung haftet stets zu sehr am sogenannten ›Künstlerischen‹, dem äusseren Gewande der Form – was es denn begreiflich macht, wie der titanische Grabbe stets vernachlässigt und der an eigentlicher Grösse Grabbe keineswegs erreichende Kleist so übermässig vergöttert wird. An Tiefblick für das Tragische, an echtestem Realismus des Schmerzes steht aber ›Der Hofmeister‹ von Lenz für mich hoch über allen andern Erzeugnissen dieses Styls. An ihn hat

Schiller in ›Kabale und Liebe‹ angeknüpft, diese Bahn aber bald aufgegeben. An unmittelbarer Wahrheit, an wirklicher Lebenskenntniss und Charakteristik bleiben auch die künstlerisch verfehlten Producte Lenz's immer noch unerreicht.
An Lenz wird der moderne Naturalismus der Zukunfts-Dramatik viel zu lernen und zu studiren haben.«

Carl Bleibtreu: Die Revolution der Literatur. Leipzig: Friedrich, 1886. S. 3 f.

Lenz' 100. Todestag nimmt dann MAX HALBE (1865–1944) zum Anlaß einer eingehenden Würdigung von Lenz als Dramatiker. Über den »Hofmeister« schreibt er:

»Die erste produktive dramatische Gabe des jungen Revolutionärs war der ›Hofmeister‹. Eine reiche Galerie von Charakterköpfen, herausgegriffen aus dem privaten Leben der Zeit und mit feiner Beobachtung der intimen Züge, der individuellen Geberden wiedergegeben. Die Luft des achtzehnten Jahrhunderts flimmert um diese Menschen. Der Atem einer vergangenen Welt weht uns entgegen, so wunderlich fremd uns und so wunderlich bekannt zugleich. Und wir stehen vor diesen Bildern in einer tiefen, feierlichen Stille um uns, und schauen und lauschen, und allgemach werden die Menschen vor uns lebendig und treten aus ihrem Rahmen. Wir sehen sie sich herzen und sich hassen, sich verführen und sich verderben, sich schlagen und sich vertragen, und wir greifen uns an unsere Köpfe: Bist du das nicht? Sind wir das nicht, die dorten agieren? [. . .]
Und alle diese Menschen leben und stürmen durcheinander in einer krausen, bunten, starken Handlung, die freilich allen ästhetischen Schulgesetzen gar sehr wider den Strich läuft, aber Bühnenkraft genug hätte, um auch unter dem modernen Lampenlicht die Probe zu bestehen vor einem empfänglichen, unbeeinflußten Publikum. Die Shakespearebühne in München wäre der geeignete Ort, dem Geiste des neu erweckten Dichters Lenz das Sühnopfer der Nachwelt darzubringen. Die szenischen Schwierigkeiten stehen zurück hin-

ter denen des ›Götz‹, der überhaupt vielfach weniger bühnengerecht erscheint, als der ›Hofmeister‹. Und der ›Hofmeister‹ ist nicht nur das notwendige Pendant zum ›Götz‹ und erweist in seiner Eigenständigkeit und Unabhängigkeit vom letztern, die Naturgewalt jenes litterarischen Verjüngungsprozesses ›Sturm und Drang‹, der neben und mit Goethe auch die andern produktiven Köpfe der Zeit erfaßt hatte und zu den genialsten Jugendthaten fortriß. Eine Thatsache, die man unsern Zeitgenossen nicht sollte vergessen und verloren gehen lassen. Der ›Hofmeister‹ ist also nicht nur das gleichwertige Gegenstück zu Goethes Geniedrama, er ist zugleich viel specifischer und zeitcharakteristischer, als der historische ›Götz‹ und darum für uns, deren *menschliches* Interesse gerade noch bis in jene Tage zurückreicht (was *weiter* zurückliegt kümmert uns höchstens historisch *wissenschaftlich*), darum für uns Urenkel eine melancholische Lust, ein ferner, ferner, süßer Klang im Ohr. Haben wir doch als *lebendiges* Dokument jener großen Entwicklungs- und Vorbereitungszeit nur noch Lessing und seine Minna von Barnhelm. Denn Goethe, selbst Schiller, beide mit ihrer Neigung zum historischen Stück, tragen etwas Zeitloses auf ihren Gesichtern. Lenz dagegen, dessen große Kraft das bürgerliche Schauspiel war, Lenz war ganz Fleisch vom Fleisch seiner Zeit und Geist von ihrem Geist.

[...] Der Dichter Lenz krankte an dramatischer Weichmütigkeit, an Konsequenzenfurcht, wenn es darum handelte, die letzten tragischen Resultate aus gegebenen tragischen Charakteren und Situationen zu ziehen. Er zagte vor den unversöhnenden Abschlüssen, vor dem Auge in Auge mit der unendlichen Erbarmungslosigkeit alles Daseins und Schicksals, und was dem *Menschen* Lenz an sich selbst zu erfahren und bis auf den letzten Tropfen auszukosten bevorstand, die unerbittliche tragische Konsequenz, das ist der *Dichter* Lenz seinen Schöpfungen schuldig geblieben, das hat er seinen Gestalten erspart, vielleicht aus einem instinktiven Vorahnungsgefühl und Selbsttäuschungsbedürfnis, in der Vogelstraußempfindung schwächlicher Naturen, vielleicht auch aus unkünstlerischer Rücksicht auf das Publikum seiner Zeit, welches sich gegen die letzte tragische Ausgestaltung dieser so furchtbar nahe gerückten Lebensbilder mit aller Gewalt aufgebäumt hätte. So ist der Charakteristiker und Naturalist einer von den Ahnherren des bürgerlichen Rührstücks geworden ...«

Max Halbe: Der Dramatiker Reinhold Lenz. Zu seinem hundertjährigen Todestage. In: Die Gesellschaft 8,1 (1892) S. 570–575.

Zu Aufführungen des »Hofmeisters« kommt es aber auch damals noch nicht. Eine entscheidende Wende in der Rezeption des Werks von Lenz brachten erst zwei neue umfangreiche Werkausgaben, die beide 1909 erschienen (hrsg. von Franz Blei bzw. Ernst Lewy[9]), und das Wirken des Münchner Theaterwissenschaftlers Artur Kutscher (1878–1960). Kutscher, der als akademischer Lehrer eine Reihe jüngerer Dramatiker seiner Zeit beeinflußte, sah in Lenz nicht nur einen wichtigen Vorläufer des zeitgenössischen Dramas, er initiierte auch die moderne und seither nicht mehr abgebrochene Bühnenrezeption der Dramen von Lenz mit seiner mehrfach inszenierten Bearbeitung der »Soldaten« (vgl. Genton, 1966, S. 64 und S. 115–148).
In den Zusammenhang dieser Bemühungen, die Stücke von Lenz für die Bühne zu gewinnen, dürfte auch eine Bearbeitung des »Hofmeisters« von Klabund, d. i. Alfred Henschke (1890–1928), gehören, die bisher unbekannt war und wohl unaufgeführt geblieben ist. Sie scheint nur – ohne Jahresangabe – als Bühnenmanuskript vervielfältigt worden zu sein, entstand aber offensichtlich in Anlehnung an die »Soldaten«-Bearbeitung Kutschers, dessen Seminar Klabund 1911 als Student besuchte und der auch sonst den jungen Autor förderte. Wie Kutscher griff Klabund nur zurückhaltend in den eigentlichen Text ein und bemühte sich, in erster Linie eine leichter aufführbare Spielvorlage einzurichten. Texthinzufü-

9 Diese im Berliner Verlag von Paul Cassirer erschienene Ausgabe sollte ursprünglich von Frank Wedekind ediert werden, der Lenz sehr schätzte (vgl. Artur Kutscher, »Frank Wedekind«, Bd. 3, München 1931, S. 25).

gungen und Striche beschränken sich meist auf einzelne Sätze und knappe Absätze; lediglich fünf kürzere und für die eigentliche Handlung nicht entscheidende Szenen sind ganz gestrichen (II,2 und 4; III,3; V,5 und 8). Der augenfälligste Eingriff betrifft die dramaturgische Struktur: wie Kutscher verzichtet Klabund auf die vorgegebene Akteinteilung, indem er die Komödie nach dem Vorbild der Wedekindschen Dramenanlage in »ein Schauspiel in 12 Bildern« umwandelt. Klabund reduziert die Anzahl der Bühnenbildwechsel dadurch, daß er Szenen entweder zusammenzieht oder umstellt; so werden etwa die ersten sieben Szenen (I,1–6 und II,1) zu einem einzigen Bild zusammengefaßt und die Szenen von IV,6 an bis zum Schluß so umgestellt, daß nur insgesamt drei Kulissenwechsel nötig werden (10. Bild: Zimmer in Leipzig = IV,6; V,2, 4 und 6; 11. Bild: Die Schule = V,1, 3, 9 und 10; 12. Bild: In Königsberg = V,7, 11 und 12); Zeitintervalle innerhalb eines Bildes werden durch kurze Verdunkelung der Szene markiert.

Trotz dieser Eingriffe in die dramaturgische Struktur wird die Handlung selbst in einem nur viel geringeren Maße als in der Bearbeitung Friedrich Ludwig Schröders (vgl. Kap. IV, 2) oder dann bei Bertolt Brecht (vgl. Kap. V) verändert. So mildert Klabund etwa den Skandal um Gustchen, indem er sie ein totes Kind zur Welt bringen läßt, das aus dem Stück verschwindet, nachdem Marthe es zu Läuffer gebracht hat. Andere Änderungen betreffen die von Lenz ironisierten Komödienzufälle: das Geld für die Rückreise bringt nun nicht mehr ein glücklicher Lotteriegewinn, sondern Fritz borgt es auf den Namen seines Vaters; da die Rolle des alten Pätus gestrichen ist, fällt auch die überraschende Versöhnung zwischen Vater und Sohn Pätus sowie zwischen dem alten Pätus und der blinden Marthe, die sich bei Lenz als dessen Mutter entpuppte. Vom satirischen Witz des Lenzschen Schlusses bleibt in der Bearbeitung, die Klabund selbst als »Schauspiel« bezeichnet, wenig mehr als ein etwas banales Happy-End: zwei glückliche junge Paare, zufriedene Väter, doch von den Skandalen keine Spur mehr.

Obgleich diese offenbar rasch entstandene und nicht immer widerspruchsfreie Bühnenbearbeitung ohne direkte breitere Wirkung blieb, ist sie doch ein rezeptionshistorisch bedeutsames Dokument; sie unterstreicht die große Bedeutung Kutschers für die moderne Lenz-Renaissance und belegt, daß sich schon vor Brecht ein zu seiner Zeit bekannter und erfolgreicher Autor bemühte, auch Lenzens zweites großes Stück, den »Hofmeister«, erstmals in einer dem Original nahen Form auf die Bühne zu bringen. Wirkungsgeschichtlich stehen beide – Kutscher und Klabund – möglicherweise auch in Verbindung mit Bertolt Brechts späterer Bearbeitung der Komödie; denn Brecht dürfte Stücke von Lenz spätestens im Zusammenhang mit Kutschers Seminaren kennengelernt haben, an denen er zwischen 1918 und 1920 teilnahm (eventuell sah er die »Soldaten«-Inszenierung im Münchner Schauspielhaus von 1921); ebenso auf diese Zeit geht Brechts engere Bekanntschaft mit Klabund zurück, und es ist nicht auszuschließen, daß er sogar dessen »Hofmeister«-Bearbeitung kannte.

Nach der Wiederentdeckung durch die Lenz in manchem wesensverwandten Naturalisten und mit den seit den zwanziger Jahren häufiger werdenden Inszenierungen seiner Stücke, meist der »Soldaten«, bahnte sich auch bei der akademischen Literaturkritik ein differenziertes und von Goethes Verdikt unabhängigeres Verständnis von Lenz und seinem Werk an. Lenzens spezifische Bedeutung für die Entwicklung der offenen Dramenform wird zunehmend erkannt und sein sozialkritischer Realismus nicht mehr als unkünstlerisch und bloß zeittypisch verworfen.

Auf ein wesentliches Gestaltungsprinzip des »Hofmeisters« macht Albrecht Schöne aufmerksam, das dem losen Szenengefüge des Stücks auf ungewöhnliche Weise eine strukturale Einheit verleiht. Schöne nennt dieses Prinzip die »Wiederholung der exemplarischen Begebenheit«, als die er das biblische Modell vom »verlorenen Sohn« nachweist:

»Der Vorgang des Wiederfindens von Vater und Sohn, die Herstellung zuvor nicht vorhandener oder gelöster Vaterschafts-Beziehungen durch ausdrückliche Vater-Sohn-Bezeichnung, immer mehr oder minder deutlich als Rückkehr und Versöhnungsvorgang modelliert, erscheint bei Major/Fritz, Rehaar/Pätus, Geh. Rat/Gustchen, Major/Kind, Fritz/Kind, Läuffer/Kind. Vollkommen durchkonstruierte Exempla des Modells finden sich beim alten Pätus/Marthe, Pätus/alter Pätus, Major/Gustchen, Geh. Rat/Fritz. Hinzu treten jene die Typologie der Spielarten bezeichnenden Beispielfiguren, die nicht mehr auf der Bühne selbst agieren, sondern gleichsam vorbildliche Fälle der Grundbegebenheit außerhalb des direkten Geschehens darstellen: die gefallenen Engel, die verlorenen Söhne des Eli, Absalom und der am Kreuz vom Vater verlassene Christus.

So treten unter dem Modellzwang des Bibelgleichnisses die Personen des Stückes in die Vater-Sohn-Konstellationen [...].

Auf diese Konstellationen hin ordnen sich die Schauplätze; paarweise tragen die Räume jene Abwesenheitsspannung, die von der exemplarischen Begebenheit gefordert wird. Aus horizontal oder vertikal verknüpften Exempla-Reihen, aus den vollstsändig oder in Teilstücken gegebenen, formstrengen oder abgewandelten Wiederholungen des Grundmusters fügt sich das vielfältige Gewebe des Aufbaus. Dabei dehnt sich der Canevas noch über den Bereich des dramatischen Bilderteppichs aus. In den nicht mehr durchgeführten Zerwürfnissen oder Versöhnungen, die der Leser (nun selber vom Zwang des Modells ergriffen) vorausahnt, und im Erlöschen des Zwanges durch die Kinderlosigkeit werden gleichsam die Ränder des dichterischen Gebildes sichtbar; sie lassen noch immer die Struktur, aber nicht mehr ihre konkrete Erfüllung mit dramatischem Geschehen erkennen. Die scheinbar wild wuchernden Nebenepisoden, die unübersichtliche Vielsträngigkeit der Handlung, die Fülle entbehrlicher Randfiguren, unglaubwürdige, abgeschmackte Ereignisse und psychologisch unbegreifliche Verhaltensweisen – das alles gehorcht

in Wahrheit formender Absicht. Das ›planlose Durcheinander‹, die ›rohe willkürliche Combination des Zufalls‹ zeigt sich von einer vollkommenen ›Providenz‹ regiert.
In welchem Ausmaß diese Absicht nicht nur der Intentionalität des Werkes, sondern auch dem Schaffensplan des Autors entstammt, wird schwerlich genau zu bestimmen sein. So viel ist sicher: sie entspricht keineswegs jener unbeschränkten Schaffensfreiheit, die man dem Sturm- und Dranggenie zuzuschreiben pflegt, sondern steht im Zeichen einer unentrinnbaren Prädestination. Wieweit Lenz' Einsicht in diese Zwänge reicht, wäre im folgenden zu fragen. Hier aber bleibt zunächst noch festzuhalten, daß die ›Freiheit‹ auch der dramatischen Figuren aufs äußerste beschränkt wird. Ihres personalen Charakters weitgehend entkleidet, fügen sie sich dem Gesetz der Begebenheit, werden sie von der Prägekraft des Modells bestimmt und in Kontrastsituationen getrieben, die der Dramatiker oft nur unzureichend motivieren kann: Marionetten, von dem beherrschenden Prinzip an unsichtbaren Drähten bewegt. Hier liegt der eigentliche Grund jener exzentrischen Zuspitzung der ausschnitthaften Darstellung, jener grellen, heftig bewegten, emotional übersteigerten, Gelächter und Schauder in einem erweckenden Gestaltung, die Wolfgang Kayser als Stilprinzip des Grotesken auch an den Lenzschen Dramen gezeigt hat.«

Albrecht Schöne: Säkularisation als sprachbildende Kraft. Studien zur Dichtung deutscher Pfarrersöhne. 2., überarb. und erg. Aufl. Göttingen: Vandenhoeck & Ruprecht, 1968. S. 116 f.

Karl S. Guthke sieht das Stück als eine »synthetische Tragikomödie«, deren Bauform durch die »Inkongruenz von Charakter und Situation« bestimmt werde:

»Wenn Lenz vom *Hofmeister* als von einem ›Trauerspiel‹ sprach, so kann er schlechterdings nichts im Sinne gehabt haben als die dargestellte Gesamtsituation, die sich ›tragisch‹ auf den Hofmeister Läuffer auswirkt, der in ihr gefangen ist: rettungslos ist dieser junge Mann den demütigenden Unannehmlichkeiten seines Standes ausgesetzt; Unfreiheit, Zwang ist sein unabdingbares Los, und gleichgültig, ob wir heute dies als tragisch oder nur traurig empfinden: Lenz hat stark herausgearbeitet, daß dies im Sinne der Genie-Geistigkeit Tragische den Hofmeister mit voller Gewalt trifft. Die große Auseinandersetzung des Geheimen Rates mit Läuffers Vater, dem Pfarrer, ist diesem Gedanken vorwiegend gewidmet (II,1). Läuffer *verseufze* sein Leben *an einer Sklavenkette*, heißt es da, sei abhängig von den Launen seiner Gebieter. Doch *ohne Freiheit geht das Leben bergab rückwärts, Freiheit ist das Element des Menschen wie das Wasser des Fisches, und ein Mensch, der sich der Freiheit begibt, vergiftet die edelsten Geister seines Blutes, erstickt seine süßesten Freuden des Lebens in der Blüte und ermordet sich selbst.* Er entsage damit den Vorrechten des Menschen, der sich selbst bestimmen solle, und gäbe sein ganzes Menschsein mit *dem Adel seiner Seele* auf. Für die Mentalität der Stürmer und Dränger ist einem Menschen in solcher Situation sein wesentlichstes Sein tragisch verneint. [...] Durch zwei Kunstgriffe ist es Lenz nun aber gelungen, aus dieser zugrunde liegenden fast schon naturalistischen Situationstragödie ein komisches Trauerspiel zu gestalten. Einmal: die Figuren, die diese für den Hofmeister im Sinne des Sturm und Drang tragische Lage konstituieren, sind die komischen Typen aus der sächsischen Verlachkomödie. Da ist der poltrige *miles gloriosus* von Major, der seinen Sprößling gleich *in allen Wissenschaften und Artigkeiten und Weltmanieren* unterrichtet wissen will, damit er ein *Kerl* werde, *wie ich gewesen bin*, wobei ständig mit wünschenswerter Drastik deutlich wird, daß er von all diesem keinen blassen Schimmer hat (I,2). Die Majorin ist ein Paradebeispiel von lächerlich affektierter Hochnäsigkeit und windigem Adelsdünkel (I,3), der Graf Wermuth, ein Freund des Hauses, spielt sich als Snob auf (I,3; II,6). Und alle diese Gestalten, eine so herrschsüchtig wie die andere, machen durch ihre Launen und ihre lächerliche Arroganz dem Hofmeister das Leben zur Hölle; die Zöglinge tun ein übriges (z. B. II,2, 5). Und nach seiner Flucht aus dem adligen Hause ist Läuffer dann in gleicher Weise von den lächerlichen Pedanterien eines schrulligen Schulhalters abhängig, der ihn *zu Tode meistert* (III,4). Durch diese komischen Typen, durch die *Grillen wunderlicher Köpfe*, erscheint also Läuffer in aller ›Tragik‹ bereits wieder im Zwielicht. [...] Das ist aber nicht die alleinige tragikomische Bauform des *Hofmeisters*. Die zweite Strukturschicht dieses tragikomischen Dramas besteht darin, daß die tragischen Opfer dieser Situation selbst komische Figuren sind, ja Karikaturen. Wir erinnern uns: Lenz schätzte die Karikaturisten zehnmal höher als die idealisierenden Gestalter. Mehr noch: als ›unumstößliches ... Grundgesetz für theatralische Darstellung‹ galt ihm in der *Menoza*-Rezension dies: ›zu dem Gewöhnlichen, ich möcht' es die treffende Ähnlichkeit heißen, eine Verstärkung, eine Erhöhung hinzuzutun, die uns die Alltagscharaktere ... auf dem Theater anzüglich interessant machen kann‹ (ed. Blei, II, 331). Dieses Gestaltungsprinzip ist auch auf die Opfer: auf Läuffer, das verführte Gustchen und ihren erschütterten Vater angewandt. Entgegen seiner Theorie (*Anmerkungen übers Theater*) gewinnt also Lenz immer noch das Komische aus den Gestalten statt aus den Begebenheiten. Schon die sprechenden Namen deuten darauf: Biederling, Chamäleon, Zierau und hier besonders Läuffer: denn mehr als ein schäbiger Dienstbote ist der Hofmeister gewiß nicht im Hause des Herrn Major von Berg. Dieses Prinzip weist auf die Typenkomödie. Aber hier ist genau zu trennen: in die sächsische Komödie konnte das Tragische nicht eindringen, weil aller Schaden sich direkt herleitete aus den (leichten) Fehlern der Figuren, die ihre heilsamen und geringen Strafen also selbst verschuldeten. Bei Lenz dagegen finden diese komischen Figuren sich einmal schon in der Zwangslage vor, in der sie tragisch werden müssen, ob sie nun komisch sind oder nicht; ihr komischer Fehler trägt nur sekundär bei zu ihrem Verhängnis; das harte Schicksal ist nicht selbstverschuldet; es steht in gar keinem Verhältnis zu der ›komischen‹ Fehlerhaftigkeit; überdies haben die Gestalten bei Lenz über die komische Karikierung hinaus noch genügend Tiefe und seelische Weite, um ihr Geschick zu einem tragischen werden zu lassen.«

Karl S. Guthke: Lenzens »Hofmeister« und »Soldaten«. Ein neuer Formtypus in der Geschichte des deutschen Dramas. In: Wirkendes Wort 9 (1959) S. 277–279.

Hans Mayer reflektiert das Verhältnis Lenzens zur bürgerlichen Aufklärung:

»Vielleicht kann man den ›*Hofmeister*‹ unter allen Werken des Stückeschreibers Lenz am ehesten der typischen Aufklärungsliteratur zurechnen. Zwar ist die Komödie selbst innerhalb der deutschen Dramatik jener Zeit ebenso ›untypisch‹ wie der Vorgang, den sie behandelt und der auf eine ostpreußische Skandalgeschichte zurückgeht, die Lenz in seiner Jugend erlebt oder erfahren haben muß. Verglichen mit dem Schicksal des Hofmeisters Läuffer [...] nimmt sich Goethes ›Werther‹ geradezu harmonisch aus, zumal Goethes Briefroman vor der Kontinuität eines Übergangs von der Idylle zur Tragödie nicht zurückschreckt, sondern auch den Stil des zweiten Romanteils dieser Wandlung vom Alltäglichen zum durchaus Ungewöhnlichen angepaßt hat. Lenz dagegen gibt seinem Stück, [...] den Untertitel ›Eine Komödie‹. Da auch der ›Neue Menoza‹ als ›Komödie‹ präsentiert wird, darf man Lenz gleichsam als einen Vorläufer des heutigen Komödienschreibers Friedrich Dürrenmatt betrachten, in dessen ›Komödien‹ gleichfalls, wie bei Lenz (Selbstentmannung des Hofmeisters, Mordkomplott und Selbstmord im ›Menoza‹), das grausige Detail hart neben philosophische Reflexionen zwischen Dramenfiguren und neben satirische, auf Lustspielwirkung erpichte Verzerrungen postiert wird. [...]
Dennoch wird man gut daran tun, den *Komödienbegriff* dieses Dramatikers weniger aus der Tradition und auch nicht so sehr als Vorwegnahme künftiger dramatischer Gattungen zu verstehen, sondern im Zusammenhang mit den eigenen theoretischen Überlegungen von Lenz, vor allem seinen ›Anmerkungen übers Theater‹, zu interpretieren. Daß es hier Wider-

sprüche zwischen dem Dramaturgen und dem Dramatiker Lenz gibt, ist unbestreitbar [...]. Auch in den ›Anmerkungen‹ selbst herrscht alles andere als strenge theoretische Folgerichtigkeit. Trotzdem spürt man bei der Gegenüberstellung seiner noch vor der Straßburger Zeit entstandenen Schauspiele mit den späteren typischen Argumentationen eines Stürmers und Drängers, daß Lenz von Anfang an einen genuinen Schauspieltyp angestrebt hat.

Diese von ihm selbst zu schaffende neue Gattung aber war nur in ihren Anfängen mit der ›reinen‹ Aufklärungstheorie in Einklang zu bringen. Die Aufklärungsdidaktik setzte voraus, daß in der Komödie ein Mißstand durch vernünftige Kritik beseitigt wurde, während ein Verharren auf der unvernünftigen Leidenschaft keines anderen als eines tragischen Ausgangs sicher sein konnte. [...]

Lenz [...] scheint eine dramatische Lösung anzustreben, die weder inspiriert bleibt durch Vernunftsoptimismus, noch Unvernünftigkeit gleichsetzen will mit tragischer Notwendigkeit. So entsteht das einzigartige Gebilde des ›Hofmeister‹, worin zwei typische Konflikte der konventionellen Tragik abgebogen werden zur komischen Schlußharmonie. Das entehrte Adelsfräulein braucht nicht im Selbstmord oder Elend zugrunde zu gehen. Ihr Sprung in den Teich, woraus sie der Vater auffischt, da der Graf Wermuth nicht schwimmen kann, wirkt geradezu wie eine höhnische Absage an die tragische Konvention. Hier wird mit dem Selbstmordmotiv, also der Wertherei, nicht ohne Bosheit gespielt. Der durch den in Werthers Farben blau und gelb gekleideten Valerio am Sprung in den Teich gehinderte Prinz Leonce wurde vorweggenommen. Gustchen von Berg braucht nicht, obgleich ein ›gefallenes Mädchen‹, den Leidensweg Gretchens, des Evchen Humbrecht bei Heinrich Leopold Wagner oder der Marie Wesener in Lenzens ›Soldaten‹ zu gehen. Einen adligen Ehemann erhält sie trotzdem.

Auch Hofmeister Läuffer, der eine wertherische Hybris im Umgang mit ostpreußischen Junkern entfaltet hat, muß nicht sterben. Sein Dramatiker betrügt ihn sogar um die tragische

Wirkung der Kastration. Auch er darf zum gut bürgerlichen Ehemann avancieren [. . .].
Lenz [. . .] wie Büchner sind Antiidealisten, aber sie wollen, wie es in der Erzählung ›Lenz‹ ausgedrückt wird, der Wirklichkeit als Dichter so nahe wie möglich kommen: so nahe nämlich, wie es der Bereich der Kunst irgend zuläßt.
Diese Kunst aber bleibt, im Werk von Lenz wie von Büchner, stets *als solche* konfrontiert mit den deutschen Zuständen. Kunst ist für beide gleichbedeutend mit Gesellschaftskritik. Dadurch unterscheidet sie sich von aller idealistischen Verklärung der Misere ebenso wie vom – achselzuckenden – Determinismus der Naturalisten. Gerhart Hauptmann hat sich schon früh und feurig zu Büchner bekannt, aber Hauptmanns und Büchners Mitleid, das ist zweierlei.
Der Weg von Lenz zu Büchner führt weiter zu *Brecht*. Man könnte es auch dann zeigen, wenn nicht jenes Indiz vorhanden wäre: Brechts Bearbeitung und Umfunktionierung der ›Hofmeister‹-Komödie. Sie wirkt scheinbar (und war wohl auch so gedacht) wie eine ›Zurücknahme‹ der Aufklärungspositionen von Lenz. Wo der ursprüngliche Autor den Geheimrat von Berg voller Sympathie noch eigene pädagogische Thesen verkünden läßt, präsentiert Brecht eben diesen Geheimen Rat als schönrednerischen und wenig aufrichtigen Ideologen, damit auch der Geheimrat die Lehre des Stückes den heutigen Zuschauern zu vermitteln imstande sei: das ›ABC der Teutschen Misere‹.
Will es aber nicht scheinen, als enthalte das Gesamtwerk von Lenz, wenn man es in seiner Entwicklung versteht, nämlich als Auseinandersetzung mit den Antinomien damaliger deutscher Gesellschaft, im Keim bereits die Ansätze zu einer Kritik, die in umfassender Form erst durch Brecht geleistet werden konnte? Lenz oder die Alternative. Dieser so elend gescheiterte, nach Vollkommenheit für sich und für die Gesellschaft strebende Schriftsteller hat einmal eine große Möglichkeit bedeutet. Hier war eine große Begabung am Werk, es fehlte nicht an Fleiß, Wissen, Redlichkeit. Es war auch wohl nicht so, daß bloß die Nerven versagt hätten, vielmehr müßten die Umnachtungsperioden wohl eher als Reak-

tion auf Niederlagen des Menschen und Künstlers gedeutet werden.«

Hans Mayer: Lenz oder die Alternative. In: WS II. S. 806–809, 826 f.

PETER CHRISTIAN GIESE:

»Das bewußt ›falsche‹ happy ending, also der Schluß, der sich selbst ironisiert, um auf den ›richtigen‹ die Hoffnung zu lenken, ist das Kunststück, das Lenz erbringen muß, um die Kritik der Komödie (die sich auf sämtliche Personen, den Geheimen Rat eingeschlossen, bezieht) durchzuhalten – und dennoch den Reformideen des Geheimen Rats nicht völlig absagt, sondern deren Kern – aufgeklärte Vernunft, Sublimierung, Umsetzen der Triebe in soziale Energien, Koexistenz der Ständeklassen – als utopisches Desiderat bewahrt.
Die abstrakte Vernunft, die die Richtlinien zu einem angemessenen Verhalten liefern soll, ist der Maßstab, mit dem die Personen gemessen werden. Nun zeigt die Komödie aber, daß das Verhalten die Verhältnisse nicht wird ändern können: was würde z. B. aus einem Pätus werden, wenn da keine Erbschaft wäre? Die Zukunft des Bürgerlichen ist doch, auch wenn er kein Hofmeister-Sklave sein will, wesentlich prekärer als die eines Fritz von Berg. Welcher Beruf steht da in Aussicht, wenn nicht der eines unterbezahlten Schulmeisters, von dem dann wiederum keine Pädagogik mit gesellschaftlich positiven Wirkungen ausgehen kann?
Das vordergründig Thematisierte, Erziehung, wird immer wieder durch die Realität (Geld!) in die Schranken gewiesen. Das vernünftige Verhalten selbst, demgegenüber die Begebenheiten als unvernünftig gewertet werden, ist in sich brüchig: der Geheime Rat versagt vor dem selbst gestellten Anspruch, er kann zum guten Ende daher nicht lenken, sondern dieses setzt mit einem Zufall ein (Lotteriegewinn). Vernunft wird sowohl gefordert wie als hilflos, als nicht konkret, als ›zu allgemein‹ denunziert. Noch die letzten Worte des Geheimen Rats haben diesen vagen Ton, wo es darum geht,

ein Gegenmodell zur bisherigen Erziehung zu formulieren: ›Doch davon wollen wir ein ander Mal sprechen.‹ (96,4 f.)
Dies ist nun der Punkt, an dem die allgemeine Misere auch die gesellschaftliche Perspektive der Komödie ereilt. Irgendwie muß alles anders werden, die kritische Bestandsaufnahme war ja umfassend genug, hat die Anmaßung des Adels wie die Knechtseligkeit des Bürgertums gleichermaßen umrissen und auch die ›Ausnahme‹ des Geheimen Rats nicht als solche bestehen lassen. Doch indem beiden Gesellschaftsklassen gleichermaßen ›Schuld‹ an dem Zustand gegeben wird, der geändert werden soll, kann sich diese Änderung selbst nur wieder als eine des Verhaltens aller artikulieren, die nicht anders denn als Märchen zu ›verwirklichen‹ ist, und der nüchterne Blick muß das Zustandekommen des utopisch Verheißenen ironisieren.
Die Ständeordnung soll bestehen bleiben – aber so, als ob sie keine Rolle spielte: ›Bruder Berg‹ sagt der bürgerliche Pätus, ›Bruder Pätus‹ der adlige Fritz (40,24–26), denn ›unter Landsleuten da ist immer so eine kleine Blutsverwandtschaft‹ (29,15 f.), die mehr als Standesunterschiede zählen soll. So ist auch das bürgerliche Mädchen Rehaar als Gespielin des adligen Gustchen akzeptiert und diese als ihre Freundin, denn beide sind ja ›in *einem* Alter, *einem* Verhältnisse‹ (79,24). Am Ende sind Bürger und Adlige als ›Landsleute‹ in einem Haus versammelt, das bürgerliche und das adlige Paar treten an zur Doppelheirat. Auf dem Boden glücklicher Klassenharmonie des Nebeneinander soll der gesellschaftliche Gesamtzustand dank allgemeiner Einsicht aller irgendwie sich einmal selbst reformieren können.
Erziehung aller ist das Ziel, das allen gleichermaßen zugute kommen wird, abstrakter Einsicht muß gelingen, was Lenz an praktischem Erziehungsinhalt zu formulieren schuldig bleibt. (Kein Wort auch wird darüber verloren, *was* die Studenten Pätus und Fritz denn in Halle lernen, zu welchem Berufe sie das führen soll. Der private [!] Unterricht bei einem Lautenisten wird ja schwerlich dazu beitragen, daß sie ›dem Staat nützen‹ [20,29 f.] können.)
Die Komödie, die den Aufklärungsoptimismus durch ihre

Darstellung Szene für Szene immanent kritisiert, holt ihn gleichwohl als einzig denkbare Utopie wieder hervor. Das heißt indessen: Lenz ist kein ›demokratischer Plebejer‹, der den Antagonismus von Feudalklasse und Bürgertum von einem archimedischen Punkt jenseits beider Klassen aus betrachtet! Er ist auch kein ›Radikaler‹ oder ›bürgerlicher Revolutionär‹, dem eine politische Entschiedenheit eignete, die den deutschen Klassikern fehlt – im Gegenteil, bei ihm klingt nur allzu deutlich an, was die Klassiker als Humanität des Allgemein-Menschlichen und als Klassenkompromiß später so beharrlich wie realitätsfern ausmalten. Nur ist die bürgerliche Zustandsanalyse im *Hofmeister* derart genau, daß das Werk seit seiner Entstehung sozusagen immer mehr zur Komödie geworden ist. Das heißt: die Kritik an dem Zustand ›deutscher Misere‹ hat Bestand, nicht aber die bürgerliche Klassenkompromiß-Perspektive, die als ›Überwindung‹ dieses Zustands angeboten wird. [...]
Lenzens Komödie *Der Hofmeister* ist ein Werk voller Widersprüche. Lenz redet der Vernunft das Wort und zeigt doch zugleich deren Ohnmacht. Er demonstriert die reale Ungleichheit von Bürgertum und Adel und übt dennoch keine konsequente Ideologiekritik an den Ideen des wohlhabenden Geheimen Rats. Er entlarvt den deutschen bürgerlichen Untertan und zeigt doch nicht, wogegen dieser kämpfen müßte. Er kritisiert die Anmaßungen und Privilegien des Adels und plädiert trotzdem nicht für dessen Abschaffung. Er erliegt der bürgerlichen Illusion vom Klassenkompromiß und geht zugleich weit über bürgerliche (Moral-)Vorstellungen hinaus. Kurzum: Lenz übernimmt die Probleme des bürgerlichen Trauerspiels, aber er macht daraus eine Komödie – und das ist ein entscheidender Schritt! Im Lichte historischer Erfahrung ist es gerade die Kritik am Bürgertum, die den Komödiencharakter des Werkes immer stärker hervortreten ließ und die Aktualität des *Hofmeister* hat wachsen lassen.‹

Peter Christian Giese: Das »Gesellschaftlich-Komische«. Zu Komik und Komödie am Beispiel der Stücke und Bearbeitungen Brechts. Stuttgart: Metzler, 1974. S. 188–190.

Manfred Durzak deutet die Selbstverstümmelung als Aggression des machtlosen Bürgers gegen sich selbst. Die ihn an Lessings den Freitod wählende Emilia Galotti erinnert:

»Das, wofür die Selbstverstümmelung steht, wäre dann der dem einzelnen von den ihn vergewaltigenden Umständen eingegebene Wunsch, sich selbst partiell zu entmündigen, gleichsam den Prozeß eines Selbstmords auf Raten einzuleiten, sich selbst noch als Opfer zu präparieren anstatt gegen die Umstände, die ihn zum Opfer machen, aufzubegehren. Die Begeisterung, in die Wenzeslaus angesichts dieser Tat von Läuffer ausbricht, wirkt zwar unfreiwillig zynisch, aber hat angesichts des zur christlichen Morallehre gehörenden Appells von der Überwindung des sündigen Körpers eine gewisse Plausibilität: Indem sich Läuffer solcherart so radikal zum Zölibat bekannt hat, stünde eigentlich seiner Karriere als Prälat im Dienste der Kirche nichts mehr im Wege. Er ist ja künftig vor allen Anwandlungen des Fleisches gefeit. Peter Szondi hat zu Recht betont: ›Bei Lenz ist die Aggression des machtlosen Bürgers gegen sich selbst gerichtet und nicht gegen die, die ihm die Macht verweigern.‹[10] Nimmt man diesen extremen Handlungszug von Lenzens Stück in seinem sozialhistorischen Stellenwert ernst, so deutet sich in der Tat eine aufschlußreiche Analogie zum Ende von Lessings *Emilia Galotti* an. Auch Emilia, die die Verführbarkeit ihres Körpers in der Umgebung des Prinzen Hettore Gonzaga gespürt hat und sich in einen Konflikt zwischen reglementierender Tugendvorstellung, für die ihr Vater steht, und erwachender Sinnlichkeit, die der Prinz in ihr wachgerufen hat, hineingetrieben sieht, glaubt nur einen Weg zur Vermeidung des Konfliktes zu sehen: sie appelliert an ihren Vater, sie zu töten, bevor sie der erotischen Verführbarkeit verfällt. Odoardo Galotti rettet zwar ihre Tugend, aber durch eine unmenschliche Tat, durch einen Mord. Die Gewalt, die der einzelne seinen gesellschaftlichen

10 »Theorie des bürgerlichen Trauerspiels im 18. Jahrhundert«, Frankfurt a. M. 1979 (Suhrkamp Taschenbuch Wissenschaft, 15), S. 57.

Umständen entsprechend bis über jede Schmerzschwelle hinaus zu ertragen hat und deren Ursache eigentlich das gesellschaftliche Mächtespiel ist, wird vom einzelnen – und das gilt für Emilia Galotti ebenso wie für den Hofmeister Läuffer – internalisiert und in einer masochistischen Reaktion gegen die eigene Person gewendet.«

Manfred Durzak: Lenz' »Der Hofmeister« oder Die Selbskasteiung des bürgerlichen Intellektuellen. In: David Hill (Hrsg.): Jakob Michael Reinhold Lenz. Studien zum Gesamtwerk. Opladen: Westdeutscher Verlag, 1994. S. 110–119, hier S. 117. – Mit Genehmigung von Manfred Durzak, Grebin.

Matthias Luserke interpretiert das Stück als unaufgelöste Spannungen in den Diskursen über Sexualität und Erziehung, die sich besonders am Schluß des Stückes zeigen:

»Der Diskurs über die Erziehungsfrage, ob das Kind eines Adligen eine öffentliche Schule besuchen oder privat durch einen Hofmeister erzogen werden soll, wird von Lenz mit einem zweiten Diskurs verknüpft, der Frage nach der Mündigkeit weiblicher Sexualität. In diesem Sinn gebrauche ich in dieser Interpretation auch den Diskursbegriff. Der Diskurs ist jener Ort, wo sich Macht und Begehren treffen, wo das Begehren gegen Machtverhältnisse opponiert und die Herrschaft der Vernunft als Organ der Macht das Begehren kontrolliert.[11] In einer Anmerkung zu *Sexualität und Wahrheit* spricht Foucault, mit Blick auf Lenz' *Hofmeister* von einer ›Überlagerung des Familiendispositivs durch das Sexualitätsdispositiv‹.[12] Der literarische Diskurs insbesondere ist jener Ort, der als Bedingung der Möglichkeit von Rebellion des Begehrens gegen die Macht und Repression der Macht gegenüber dem Begehren Umkehrungsverhältnisse

11 Vgl. Michel Foucault, »Die Ordnung des Diskurses«, aus dem Frz. von Walter Seitter, mit einem Essay von Ralf Konersmann, Frankfurt a. M. 1991 [[1]1972].

12 Michel Foucault, »Sexualität und Wahrheit«, Übers. von Ulrich Raulff und Walter Seitter, Bd. 1: Der Wille zum Wissen, Frankfurt a. M. 1977, S. 113.

und Gegenmodelle erproben oder reale Gewaltverhältnisse darstellen oder karikieren kann. Literatur kann hier beschreibend, analytisch oder antizipatorisch wirken. In der Kontrastierung von Rebellion und Repression entfaltet beispielsweise Lenz die Macht des Widerspruchs. Von den insgesamt 35 Einzelszenen des *Hofmeisters* befassen sich nahezu alle mit dem Erziehungs- oder Sexualitätsdiskurs, in einigen werden beide Diskurse augenfällig zusammengeführt oder einem dritten Diskurs, dem Herrschaftsdiskurs, eingeschrieben. [...]
In III/4 wird das Gespräch über das Erziehungsthema fortgeführt. Läuffer scheint nun die wahren Herrschaftsverhältnisse erkannt zu haben und ruft emphatisch aus ›Haben Sie [sc. Wenzeslaus] nie einen Sklaven im betreßten Rock gesehen? O Freiheit, güldene Freiheit!‹ (III/4). Diese Erkenntnis nähert seinen Standpunkt der Position des Geheimen Rats an. Die Kontrastierung der Diskutanten und ihrer je unterschiedlichen Argumente wird im dritten Akt auf die Spitze getrieben. Die ursprüngliche Allianz von Vater und Sohn Läuffer, die darin bestand, den Hofmeisterstand zu rechtfertigen, ist nun zerbrochen. Der Sohn unterzieht seine eigene Existenz und Tätigkeit einer eingehenden Kritik und geht damit scheinbar ein Argumentationsbündnis mit dem Geheimen Rat ein. Die Argumente des Vaters Läuffer werden hingegen durch Wenzeslaus noch weiter zugespitzt, gleichsam von einer Rechtfertigung hin auf einen Lobgesang. Es kommt zu einer für die Schürzung des dramatischen Knotens konstitutiven diskursiven Überkreuzstellung. Herrmann Läuffer stellt sich gegen seinen Vater, er handelt zum erstenmal eigenständig und eigenverantwortlich, wie es im Erziehungsgespräch zwischen dem Geheimen Rat und dem Pastor in II/1 der Geheime Rat gefordert hatte. Doch ist das Argumentationsbündnis zwischen Adligem und dem bürgerlichen Pastorensohn nur scheinbar. Aufgrund der Vorgabe in der Expositionsszene I/1, wonach Läuffer vom Geheimen Rat nicht in der Stadtschule als Lehrer angestellt worden war, sind auch hier die Kontraste

noch deutlicher hervorgetrieben. Unter der Freiheit, die er emphatisch vom Hofmeister verlangt hatte, begriff von Berg vor allem die eigene Freiheit, weniger die Freiheit des anderen. Vor diesem Hintergrund lässt sich eine dreifache Widerspruchsposition ausmachen, die der Hofmeister bezieht:

1.) Widerspruch zum Vater,
2.) Widerspruch zu Wenzeslaus und
3.) Widerspruch zum Geheimen Rat.

Diese Widerspruchsposition des Hofmeisters ist in die vier unterschiedlichen Positionen der Diskutanten des Erziehungsdiskurses und in die Entfaltung des Sexualitätsdiskurses integriert. Die Figur Läuffer erweist sich damit als jenes diskursives Gelenk, das dramaturgisch die Verschränkung von Erziehungsdiskurs und Sexualitätsdiskurs gewährleistet. [...]
Die Abwesenheit der betroffenen Frauen zeigt, dass eine Lösung der Erziehungsfrage, die zugleich auch die Kritik des Sexualitätsdiskurses impliziert, nicht ohne die Betroffenen zu finden ist. Die Schlussszene ist eine ›Satire‹ (I/1) auf alle Harmonisierungssehnsüchte des Bürgerlichen Trauerspiels. Die bemühte Empfindsamkeit (vgl. V/11 und V/12) und das künstlich gestiftete Schlusstableau konstituieren eine Erwartungshaltung, die grotesk unterlaufen wird. Fritz, der Stiefvater des unehelichen Kindes, kennt nicht einmal dessen Geschlecht, er hält es für einen Jungen (›mein süßer Junge!‹) und bestätigt damit seine männliche Ideologie. Was Torheit ist bei den Männern, nennt er ›Schwachheit‹ (V/12) der Frauen und reproduziert damit seine über drei Jahre alte Ansicht, dass nur ›Frauenzimmer allein‹ (I/5) sexuell ›unbeständig‹ (ebd.) sind. Das Stück spiegelt in dieser Hinsicht die patriarchale Misere in Deutschland wider.[13]

13 Vgl. Barbara Becker-Cantarino, Jakob Michael Reinhold Lenz. ›Der Hofmeister‹, in: »Interpretationen. Dramen des Sturm und Drang«, Stuttgart 1987, S. 33–55, hier S. 34, deren Deutung man vorbehaltlos zustimmen kann.

Und Läuffer? Er flüchtet sich in eine Liebesidyllik, die von Lenz so grotesk überzeichnet wird,[14] dass auch sie nicht als Lösung oder Antwort im Sexualitätsdiskurs gelesen werden kann. So wie es im Erziehungsdiskurs keine Lösung gibt, bleibt auch die Sexualitätsthematik widerspruchsvoll.[15] Solange sich die gesellschaftlichen Voraussetzungen nicht ändern, kann auch ein veränderter Diskurs über jene Themen nicht geführt werden, die man als genuine Themen der Familie im bürgerlichen Zeitalter bezeichnen kann, Erziehung und Sexualität. Dem Sexualitätsdiskurs sind ebenso wie dem Erziehungsdiskurs Machtstrukturen eingeschrieben, deren Widerspruch zu utopischen oder komischen Lösungen Lenz überdeutlich hervorgetrieben hat. Man kann also auch heute noch der Empfehlung Friedrich Maximilians Klingers aus seinem Drama *Das Leidende Weib* (1775) nur folgen: ›Lesen Sie den Hofmeister, wie ich schon hundertmal sagte.‹[16]«

Matthias Luserke: »Der Hofmeister oder Vorteile der Privaterziehung«. In: M. L.: Lenz-Studien. Literaturgeschichte. Werke. Themen. St. Ingbert: Röhrig Universitäts-Verlag, 2001. S. 93–118, hier S. 102–103, 111–112, 117–118. –

14 Karl Eibl spricht sich gegen eine zu positive Deutung der Lise-Figur aus, »Lise ist nicht ›naiv‹ oder ›rein‹, sondern eher dumm« und kommunikationsunfähig (vgl. Karl Eibl: ›Realismus‹ als Widerlegung von Literatur. Dargestellt am Beispiel von Lenz' ›Hofmeister‹, in: »Poetica« 6 [1974], S. 456–467, hier S. 463, Anm. 17). Lise nimmt sich des kastrierten Hofmeisters an.

15 Zu einer anderen, harmonieweisenden Deutung gelangt Klaus Bohnen, der gerade die Funktion der Erziehungsdebatte darin sieht, »die Richtung des Wegs in eine ›neue Zeit‹ anzuweisen [...]« (Klaus Bohnen: Irrtum als dramatische Sprachfigur. Sozialzerfall und Erziehungsdebatte in J. M. R. Lenz' ›Hofmeister‹, in: »Orbis Litterarum« 42 [1987], S. 317–331, hier S. 329).

16 3. Akt, 2. Szene.

V. Bertolt Brechts »Hofmeister«-Bearbeitung

Auf die Bühne kommt der »Hofmeister« nach mehr als 170jähriger Pause erst wieder durch BERTOLT BRECHT (1898 bis 1956), zunächst in dessen Bearbeitung, dann aber auch im Original; beide Versionen gehören heute zum Repertoire des Theaters. Durch Brecht kehrt das Stück aber nicht allein zur Bühne zurück, er trägt auch wesentlich zur endgültigen Anerkennung von Lenz als Dramatiker und zum fundierten Verständnis des Komödiencharakters gerade des »Hofmeisters« bei.

BRECHT, der die Dramen von Lenz wohl schon in seiner Münchner Zeit als Student in den Seminaren von Artur Kutscher kennenlernte (vgl. S. 137), interessierte sich spätestens seit dem Ende der dreißiger Jahre für das Stück. In den »Notizen über realistische Schreibweise« (um 1940) stellte er Lenz in den Zusammenhang der europäischen »bürgerlichen revolutionären realistischen Dramatik« – neben John Gay (1685–1732) und Pierre Augustin Caron Beaumarchais (1732 bis 1799):

»Auf der den Problemen oder Selbstbespiegelungen der Feudalen überlassenen Bühne werden die Probleme und Selbstbespiegelungen der aufsteigenden bürgerlichen Klasse eingeführt. Revolutionär wirkt schon die Übernahme des bisher monopolisierten Bühnenapparats selber, bei John Gay in seiner ›Bettleroper‹ die Tatsache, daß die ›Unterwelt‹ ihre Oper etabliert und nichtadelige Personen singen. Die Wirklichkeit betritt die Bühne, das heißt, die Klasse betritt sie, die anfängt, die Wirklichkeit zu bestimmen. Dabei tritt ein eigentümlicher Widerspruch auf. Einerseits wird die vornehme Bühne mit einem gewissen Behagen entweiht durch die ordinäre Redeweise der Plebs, aber zugleich erhält doch auch diese Plebs ihre Weihe, indem sie sich der bisher monopolisierten gehobenen Formen bedient. Sie entwickelt, das Zeremoniell der herrschenden Klasse verhöhnend, sofort ihr eigenes Pathos. Neben ihrer *gehobenen* Sprache erscheint die Sprache

der Herrschenden als *geschraubt*. Die Hauptsache ist, daß der Blickpunkt nunmehr der Bürger ist, bei Beaumarchais im ›Figaro‹ und bei Lenz im ›Hofmeister‹ der emanzipierte Lakai. Das ist echter Realismus, denn der Bürger war eben wirklich das treibende Zentrum der ökonomischen Entwicklung geworden, und jetzt schickte er sich an, auch das politische Zentrum zu werden. Der Friseur Figaro allein kann noch die verwickelten kulinarischen Probleme der Hofgesellschaft einigermaßen ordnen, besser als der Adel versteht er die adeligen Verhältnisse. Der Kuppler tritt auf als der große Produktive, die konsumierende Schicht ist als Schmarotzertum entlarvt, das zum Schmarotzen schon unfähig ist. Nach der Aufführung des ›Figaro‹ konnte man ruhig sagen: Hier hat ein Realist gesprochen.
Der Realismus des Lenz zeigt andere Züge. Sie werden den Geschichtsforscher nicht befremden. Sein Hofmeister ist eigentlich ein Hauslehrer. Daß er noch als Hofmeister behandelt wird und als solcher sich behandeln läßt, während er schon ein Hauslehrer ist, das ist seine Tragödie. Denn dieses deutsche Standardwerk des bürgerlichen Realismus ist eine Tragödie im Gegensatz zum französischen. Man hört geradezu das Gelächter des Franzosen über den deutschen Hauslehrer, der durch die Anknüpfung geschlechtlicher Beziehungen zu seiner adeligen Schülerin nicht etwa Karriere macht, sondern gezwungen wird, sich zu entmannen, um seinen Dienst ausüben zu können. Dieses Gelächter des Franzosen und dieser wilde Protest des Deutschen sind beides Ergebnisse revolutionärer realistischer Haltung.«

Bertolt Brecht: Gesammelte Werke in 20 Bänden. Hrsg. vom Suhrkamp Verlag in Zsarb. mit Elisabeth Hauptmann. Bd. 19. Frankfurt a. M.: Suhrkamp, 1967. S. 362 f.

Ebenfalls um 1940 entsteht auch BRECHTS satirisches Sonett »Über das bürgerliche Trauerspiel ›Der Hofmeister‹ von Lenz«:

Hier habt ihr Figaro diesseits des Rheins
Der Adel geht beim Pöbel in die Lehre
Der drüben Macht gewinnt und hüben Ehre:
So wird's ein Lustspiel drüben und hier keins.

Der Arme will, statt in die Literatur
Der reichen Schül'rin in die Bluse schaun.
Doch statt den Gordischen Knoten zu durchhaun
Haut er, Lakai, nur über eine Schnur.

Nun, er gewahrt, daß sich mit seinem Glied
Zugleich sein Brotkorb in die Höhe zieht.
So heißt es denn zu wählen, und er wählt.

Sein Magen knurrt, doch klärt auch sein Verstand sich.
Er flennt und murrt und lästert und entmannt sich.
Des Dichters Stimme bricht, wenn er's erzählt.

Ebd. Bd. 9. S. 610.

Zu Brechts »Hofmeister«-Verständnis schreibt PETER CHRISTIAN GIESE:

»Ausgangspunkt für Brechts Verständnis des *Hofmeister* ist der Begriff der ›deutschen Misere‹. Dieser Begriff meint, auf den einfachsten Nenner gebracht, Fehlen der Revolution und die sich daraus ergebenden schädlichen Folgen für die gesellschaftliche Entwicklung in Deutschland. Oft wird der Begriff expressis verbis in bezug auf die Französische Revolution verwendet, auf jeden Fall wird von Heine über Marx und Engels bis zu Lukács und Brecht immer wieder der Vergleich Deutschland–Frankreich gezogen. [...] Das Sonett folgt einer geschichtsphilosophischen Konstruktion, die den sog. ›Übergang‹ von feudaler zu bürgerlicher Epoche mit dem von Tragödie zu Komödie identifiziert. Gesellschaftspolitische Entwicklung und literarische Gattung werden unmittelbar parallel gesehen, so daß folgende Gleichung entsteht: drüben in Frankreich Fortschritt, Emanzipation der bürgerlichen Klasse, Beaumarchais' *Mariage de Figaro* (1784) deren Ausdruck, *also* Komödie; hier in Deutschland Fehlentwicklung,

Misere, Lenzens *Hofmeister* (1774) deren Ausdruck, *also* bürgerliches Trauerspiel. Das Vorverständnis von ›deutscher Misere‹ verleitet Brecht dazu, die gesellschaftlichen Verhältnisse, die umgangssprachlich als ›Trauerspiel‹ bezeichnet werden könnten, nicht nur mit dem ästhetischen Begriff des Trauerspiels in eins zu setzen, sondern auch zu suggerieren, eine andere Gattung zu wählen, sei zu dieser Zeit in Deutschland gar nicht möglich.«

Peter Christian Giese: Das »Gesellschaftlich-Komische«. Zu Komik und Komödie am Beispiel der Stücke und Bearbeitungen Brechts. Stuttgart: Metzler, 1974. S. 162 f.

Als Brecht 1949 das, wie er es nennt, »hochmoralische Stück ohne Trompeten« (»Briefe«, Frankfurt a. M. 1981, S. 634) für das wenige Monate zuvor gegründete Berliner Ensemble bearbeitet, notiert er am 22. 12. 1949 in sein »Arbeitsjournal«:

»das stück war mir lange im hinterkopf. es ist meines wissens die früheste – und sehr scharfe – zeichnung der deutschen misere. als gegenstück hat es wohl nur DIE RÄUBER, wo der mensch, mensch zu bleiben, räuber werden muß. hier muß der mann, gesellschaftsfähig zu bleiben, sich entmannen.

Bertolt Brecht: Arbeitsjournal. 1938–1955. Hrsg. von Werner Hecht. Frankfurt a. M.: Suhrkamp, 1973. S. 915.

Nach wie vor sieht Brecht das Stück im Zusammenhang mit der ›deutschen Misere‹, doch versteht er es jetzt – wie Lenz – als Komödie, wobei er, seine frühere Sichtweise nur wenig ändernd, nun das Stück in eine durch die Klassik unterbrochene Tradition stellt. An Hans Mayer schreibt er am 25. März 1950:

»Da ist das Moment des ›Versagens‹ der deutschen Klassik, dieses mehr oder weniger freiwilligen Derstellt-Euch der großen bürgerlichen Karyatiden, die angesichts des revolutionären Sodoms zu Salzsäulen erstarren. Die bedeutenden realistischen Anfänge müssen wieder etabliert werden. Die Unterdrückung Lenzens durch die Literaturgeschichte muß man aufzeigen. Das Theater muß zurückgehen zu diesem Punkt, um vorwärtszukommen, d. h. um einen realistischen Stil der großen Gegenstände zu erarbeiten – haben wir doch den großen Stil eben nur für die idealistischen Werke überliefert bekommen! Dann ist da das Lehrerproblem des ›Hofmeisters‹ als Teil der deutschen Misere, und es wäre vielleicht notwendig, die gleichnishafte Bedeutung der Entmannungsfabel zu erklären. Natürlich ist die Fabel keine symbolische schlechthin: es wird einfach ganz realistisch (es liegt ja ein grausiges wahres Ereignis in Ostpreußen dem Stück zugrunde) die Selbstentmannung der Intellektuellen, die zu dieser Zeit mehr oder weniger alle, also als Kaste in den Lehrerberuf gedrängt waren, an einem Exempel in Fleisch und Blut vorgeführt, d. h., die körperliche Selbstentmannung *bedeutet* nicht nur eine geistige Selbstentmannung, sondern ist selber als der groteske Ausweg aus der sozialen Situation Läuffers dargestellt. Ferner ist das Stück eine wirkliche *Komödie*, und es ist doch so charakteristisch, daß die Klassiker diese eben realistische Kunstgattung so gar nicht pflegten! (Der ›Zerbrochene Krug‹ ist vielleicht eine Ausnahme, ist dafür aber auch das realistischste Werk Kleists und hat übrigens interessanterweise ebenfalls den Gleichnischarakter des ›Hofmeisters‹.)«

Bertolt Brecht: Briefe. Hrsg. und komm. von Günter Glaeser. Frankfurt a. M.: Suhrkamp, 1981. S. 638. © Suhrkamp Verlag, Frankfurt a. M.

BRECHTS Bearbeitung entstand zwischen November 1949 und März 1950, wobei wesentliche Veränderungen erst nach Beginn der Proben im Januar 1950 vorgenommen wurden – in Zusammenarbeit mit Ruth Berlau, dem Bühnenbildner Caspar Neher und den beiden Direktionsassistenten Egon Monk und Benno Besson, die alle vier als Mitautoren genannt sind.[1]

1 Zu den Entstehungsstufen der Bearbeitung vgl. Kitching, S. 23–36.

Bühnenbild-Skizze Caspar Nehers zur 1. Szene der »Hofmeister«-Bearbeitung von Bertolt Brecht (aus: Theaterarbeit, S. 114).

Die Uraufführung fand am 15. April 1950 im Deutschen Theater, Berlin, statt und erhielt von der Kritik großes und beinahe einhelliges Lob. Veröffentlicht wurde die Bearbeitung 1951 im 11. Heft der »Versuche« zusammen mit »Anmerkungen« und dem wichtigen Essay »Über das Poetische und Artistische«, in dem BRECHT eingehend die künstlerische Seite seiner Inszenierung erläutert. Die Erarbeitung der Aufführung und die Inszenierung selbst sind vom Berliner Ensemble durch Fotos, Materialien und Essays ausführlich in dem Band »Theaterarbeit«[2] dokumentiert.

Obgleich auch BRECHT in seiner Bearbeitung sehr stark in den Lenzschen Originaltext eingreift, ihn kürzt, Szenen zusammenzieht und umstellt sowie eigene Zusätze einfügt, bleibt bei ihm doch die alte Komödie in ihrer Substanz weit mehr bewahrt als zuvor bei Friedrich Ludwig Schröder. Etwas weniger als die Hälfte des Textes der Bearbeitung stammt von Lenz; BRECHT strafft die Handlung und konzentriert sie mehr auf Läuffer hin; weitreichend sind auch bei ihm die Eingriffe in den Schlußszenen.[3] Darüber hinaus aber gibt es wesentliche Veränderungen im Inhalt, die anders gerichteten und viel weitergreifenden sozialkritischen Intentionen folgen: »Brecht verschiebt die frühbürgerliche Komödie zu einer nachbürgerlichen Gesellschafts-Komödie, in der die dargestellte Gesellschaft nicht mehr als realistisch-widersprüchlich, sondern als überständig, noch lebend, aber in der Substanz tod [...] vegetiert« (Knopf, »Brecht-Handbuch«, S. 300). Während Lenz noch an die Möglichkeit der Reform der kritisierten Zustände glaubt, zeigt BRECHT diese Zustände als längst nicht mehr reformierbar und als die noch immer nicht völlig überwundene schlechte Vergangenheit der ›deutschen Misere‹. Diese Beziehung stellen ein Prolog und ein Epilog ausdrücklich her. Einen ausgezeichneten Überblick über die inhaltlichen Veränderungen gegenüber Lenz bietet BRECHTS »Fabel«-Erzählung, die hier nur ohne die sie begleitenden Szenenphotos wiedergegeben werden kann; die Numerierung folgt der der Szenen:

2 »Theaterarbeit«, S. 68–120.
3 Vgl. dazu die Szenengegenüberstellung bei Kitching, S. 166.

PROLOG

Geehrtes Publikum, unser heutiges Stück
Wurd verfaßt einhundertfünfzig Jahre zurück.
Drin trete aus der Vergangenheit Tor
Ich, des deutschen Schulmeisters Urahn hervor.
Ich bin noch in des Adels Dienst
Und lehr seine Sprößling mit kargem Gewinst.
Bring ihnen bei Bibel und etwas Manieren,
Naserümpfen Klugscheißen und Kommandieren.
In allen höheren Künsten gewandt
Bin ich selber vom niederen Stand.
Freilich, die Zeiten wandeln sich grad:
Der Bürger wird jetzt mächtig im Staat
Und ich bedenk schon früh und spät
Daß ich in seine Dienste tret.
Er hätte in mir, wie das so heißt
Allezeit einen dienenden Geist:
Der Adel hat mich gut trainiert
Zurechtgestutzt und exerziert
Daß ich nur lehre, was genehm
Da wird sich ändern nichts in dem.
Wills euch verraten, was ich lehre:
Das ABC der Teutschen Misere!

1. Der Kandidat Läuffer, der sich um die Stelle eines Hofmeisters beim Major von Berg beworben hat, erweist diesem und seinem Bruder, dem Geheimen Rat, zähneknirschend seine Reverenz. Die Herren schenken ihm wenig Aufmerksamkeit. Der Major interessiert sich mehr für das Farnkraut des geheimrätlichen Gartens als für den zukünftigen Erzieher seines Sohnes.
2. Im Jungmädchenzimmer nimmt Gustchen, die Tochter des Majors, Abschied von Fritz, dem Sohn des Geheimen Rats. Die gemeinsame Lektüre eines Bandes Klopstock wirft sie einander in die Arme. Da überrascht sie der Geheime Rat und verlangt von ihnen Separation, bis Fritz seine Studien vollendet hat: die Vernunft ist eine gestrenge Herrin.

3. Die Majorin von Berg stellt hohe Ansprüche in Menuett und Französisch an die Hauslehrer ihres Sohnes. Läuffer weiß ihnen zu genügen, gefährdet jedoch seine Anstellung, indem er einem vornehmen Besucher gegenüber eine eigene Meinung äußert. Die Majorin läßt es, da er billig, bei einem scharfen Verweis bewenden.
4. Auf der Schlittschuhbahn zeigt Läuffer einigen Jungfern seine Künste im Eislauf. Obgleich hingerissen, weisen sie doch seine Artigkeiten zurück. Die Sitten und Gebräuche Insterburgs sehen eine Ermunterung von Fremden nicht vor.
5. Der Major von Berg beanstandet an Läuffers Unterricht, daß der Heldenkönig Fridericus Rex zu kalt behandelt wird. Er halst ihm eine neue Schülerin auf, Gustchen, die Tochter des Hauses. Dafür verspricht er, ihm für das Frühjahr ein Pferd für eine Reise nach Königsberg zu leihen.
6. Fern in der Universitätsstadt Halle orientiert Fritz von Berg sich über das Leben der Studenten. Der Student Pätus gewinnt ihn für den aufrührerischen Philosophen Immanuel Kant. Danach geht von Berg mit dem Praktikus Bollwerk in die Komödie, um die Aktricen zu sehen: Pätus, der seinen Rock versetzt hat, muß zu Hause bleiben.
7. Läuffer erteilt Gustchen eine Lektion in Religion und bekommt eine Lektion in Physiologie. Er erkennt entsetzt, daß er dem Liebreiz seiner Schülerin zu erliegen droht.
8. Es ist Frühjahr. Unterstützt von seinem Vater, dem Pastor, fleht Läuffer den Geheimen Rat von Berg an, ihm das zugesagte Pferd zu verschaffen. Der Geheime Rat, während des Disputs seine Buchsbäume beschneidend, weist Läuffers Bitte ab, da der das Pferd ja nur wolle, um in Königsberg die Bordelle zu besuchen. Läuffer stößt hervor, es könne unter Umständen »zu etwas Schröcklichem kommen«.
9. In Halle hat Bollwerk die Angebetete seines Freundes Pätus, die Jungfer Rehhaar, geschwängert. Pätus, der hochherzige Jünger Kants, sieht es als seine Pflicht an, das Geld für die Abtreibung zu beschaffen, da die Jungfer versichert, sie habe bei der Umarmung nur an ihn gedacht. Fritz opfert

bewegt dafür sein Reisegeld in die Ferien nach Insterburg. Gustchen wird vergebens warten.
10. Die Ferien sind gewesen. Im Bett mit dem Hofmeister gedenkt Gustchen wehmütig des eigentlichen Geliebten, Fritz von Bergs, im fernen Halle.
11. Die Majorin von Berg hat Gustchen in den Armen des Hofmeisters gefunden. Ein vornehmer Freier ihrer Tochter, dem sie eben noch Intimitäten gestattete, sieht sie der Verzweiflung anheimfallen.
12. Der Hofmeister, verfolgt, findet Zuflucht bei einem Dorfschullehrer, der in ihm einen gefügigen Schreibknecht wittert. Er kann ihn jedoch vor der Kugel des erbitterten Majors nicht schützen. Verwundet, wünscht Läuffer, daß ihm das Pferd nach Königsberg gegeben worden wäre.
13. Erschüttert zieht der Major seine Tochter aus dem Dorfteich, in den sie, seines Eingreifens sicher, watete.
14 a. Ein Jahr ist vergangen. Da entdeckt sein Schutzpatron sein Mündel Lise in den Armen Läuffers. Wieder konnte der Unglückliche seine Triebe nicht zügeln.
14 b. Aus dem Hause des Dorfschulmeisters gewiesen, wütet Läuffer gegen seine Manneskraft, die immer wieder seine Existenz in Frage stellt. Soll er sichs ausreißen, das Auge, das ihn ärgert?
14 c. In dem entmannt dahingestreckten Läuffer erkennt der Dorfschulmeister seinen geistigen Sohn und preist ihn, seines Sieges über sich selbst wegen, als eine Leuchte der Schulwelt.
15. Von einer italienischen Reise zurück, erfährt Fritz von Berg durch einen sehr veränderten Pätus, der, um eine Lehrerstelle zu ergattern, seinem Kant abgeschworen hat, die Katastrophe in Insterburg. Frau Pätus, eine Tochter des Schulvorstehers, tröstet ihn: es gäbe kein Unglück, über das nicht eine gute Tasse Kaffee hinweghülfe.
16. In Insterburg findet Fritz das totgeglaubte Gustchen gesund und munter. Ein wahrer Philosoph, erklärt er der aufhorchenden Familie, daß Gustchen ihm im Geiste immer treu geblieben sei, und erkennt ihr Kind als das seine an. Im

Haus von Berg leert man die Gläser auf das junge Paar und den ersten Schnee.

17. Bei Napfkuchen und Kaffee entdeckt Lise Läuffern ihre unverminderte Liebe. Ein neuer Hans im Glück, darf er hoffen, daß er nach seiner Opfertat gewiß eine Lehrerstelle erhalten und imstande sein wird, ein Eheweib zu ernähren.

EPILOG

Und das war nun der Komödie Schluß:
Wir hoffen, ihr saht ihn nicht ohne Verdruß
Denn ihr saht die Misere im deutschen Land
Und wie sich ein jeder damit abfand
Vor hundert Jahr und vor zehn Jahr
Und vielerorts ist's auch heute noch wahr.
Den deutschen Hofmeister habt ihr gesehn
Zu seinem Gelächtergolgatha gehn
Einen armen Teufel, den sie so schinden
Daß er nicht mehr weiß, was vorn und was hinten.
In einem Gleichnis überlebensgroß
Geht er am End' auf sich selber los
Austilgend seine Zeugungskraft
Die ihm nur Pein und Elend schafft.
Denn wenn er sich natürlich gibt
Macht er sich oben unbeliebt.
Hat er sich gebückt, verbeugt, gebogen
Wird ihm der Brotkorb hochgezogen
Und erst wenn er verstümmelt und entmannt
Wird er von oben gnädigst anerkannt.
Gebrochen ist sein Rückgrat. Seine Pflicht
Ist, daß er nun das seiner Schüler bricht.
Der deutsche Schulmeister, erinnert ihn nur:
Erzeugnis und Erzeuger der Unnatur!
Schüler und Lehrer einer neuen Zeit
Betrachtet seine Knechtseligkeit
Damit ihr euch davon befreit!

Theaterarbeit. S. 58–79.

Zur Uraufführung schrieb Paul Rilla, ein mit Brecht befreundeter Kritiker, eine Besprechung, die das Berliner Ensemble später unter dem Titel »Analyse der Bearbeitung« in ihre Dokumentation einbezog:

»Zweifellos hat man nicht den ›Hofmeister‹ von Lenz gespielt, sondern eine Brechtsche Interpretation. Aber was an dieser außerordentlichen und beispielhaften Aufführung Textbearbeitung ist, darf nicht mit der unintelligenten Bühnenmache unbefugter Regie-Komödianten verwechselt werden. Wenn Brecht das neben Goethes ›Götz‹ wichtigste Theaterstück der sogenannten Sturm- und Drang-Epoche neu interpretiert, so geht es ihm darum, die abgerissene Linie einer deutschen literarischen Entwicklung sichtbar zu machen – und noch mehr den Riß im historischen Gang der deutschen Dinge. [...]
[...] Brecht läßt im ›Hofmeister‹ einen Epilog sprechen, worin ohne Umweg unsere soziale Praxis angesprochen wird. Der Epilog bleibt beim Thema des Stückes, wenn er den geduckten Schulmeister, dessen Amt es ist, geduckte Untertanen zu erziehen, als Exempel statuiert: so sollen unsere neuen Lehrer nicht aussehen, so sehen sie nicht aus. Und an dieser Schulmeisterfigur erweist sich, worauf die Bearbeitung zielt. Wo Lenz in seiner reformerischen Enge befangen bleibt, tritt in der Bearbeitung der wirkliche gesellschaftliche Konflikt zutage. Nicht die Nachteile der Privaterziehung, sondern die Verrottung eines Erziehungssystems, das auf einer mumifizierten ständischen Ordnung beruht. Nicht der Hofmeister, sondern der historische deutsche Schulmeister. Nicht eine gesellschaftliche Spezialkur, die eine Schmierkur ist, sondern die unversöhnlichen Widersprüche der ständischen Gesellschaft. Wird dem Dichter Lenz damit etwas Fremdes imputiert? Es wird ihm zurückgegeben, was er besitzt. Denn er besitzt eine Schärfe des sozialen Wahrnehmungsvermögens wie keiner unter den Sturmgesellen der Epoche. Lenz stürmt gar nicht, er nimmt wahr: adlige Dummköpfe und Polterer, bürgerliche Philister und Krüp-

Szenenfoto aus der Aufführung des Berliner Ensembles 1950. 10. Szene in Gustchens Zimmer; Gustchen: Regine Lutz, Läuffer: Hans Gaugler (aus: Theaterarbeit, S. 73)

pel. Wie sehr es aber ein bürgerliches Bewußtsein ist, welches auf diesen Augenschein reagiert, zeigt sich darin, daß der Adel eben auf eigene Kappe dumm und polterig ist, während die bürgerliche Verkrüppelung als Folge des ständischen Drucks erscheint und übrigens tüchtige Grundsätze nicht ausschließt. Eine bürgerliche Kühnheit war es schon, den bürgerlichen Hofmeister die adlige Tochter verführen zu lassen.

Auch bei Lenz also tritt das pädagogische Thema hinter das Thema des Klassendrucks und Klassenkonflikts zurück. Der Hofmeister als der gelehrte Lakai adliger Häuser ist die Figur, an welcher der Konflikt ausbricht. [. . .]

Zu wiederholen bleibt: es ist nicht Lenz, sondern Lenz plus Brecht. Wobei die Summierung eine Potenzierung ergibt: das Stück wird zu einer neuen Theaterpotenz erhoben. Denn wenn Brecht bei Lenz den fragmentarischen Abriß einer literarischen Entwicklung entdeckt, die er im eigenen Werk an ein Neues angeknüpft hat, so steht er an Genie und Verstand so hoch über Lenz, daß die geliehene Hilfe nicht nur durch Wahlverwandtschaft legitimiert ist. Übrigens spielt man das Stück, wie der Theaterzettel besagt, in der Bearbeitung des Berliner Ensembles. Das heißt, daß Brecht der spiritus rector war, der die Arbeit des Kollektivs beflügelte. Das heißt, daß sich die Bühnengestalt erst in der Bühnenpraxis abgesetzt hat. An der Lust des Spiels bleibt es zu spüren, wie die Darstellung sich auch in den Einfällen bewegt, die vom Spiel und spielend, freilich methodisch, hervorgebracht wurden.

Ebd. S. 80–82.

VI. Texte zur Diskussion

1. Zum zeitgenössischen Komödienbegriff

Lenzens vieldiskutierte Ansätze zu einer Definition des Verhältnisses von Tragödie und Komödie in den »Anmerkungen übers Theater« (1774) und der »Rezension des Neuen Menoza« (1775) stehen in einem engen Zusammenhang mit der zeitgenössischen Diskussion über das Drama und dem Wandel in den dramatischen Gattungen, den neue Genrebezeichnungen wie »bürgerliches Trauerspiel« oder »rührendes Lustspiel« anzeigen. Diese neuen Formen verwischen die traditionelle Scheidung von Tragödie und Komödie; sie sind Ausdruck der Herausbildung eines bürgerlichen Dramas wie der sich wandelnden gesellschaftlichen Verhältnisse. Nicht nur wird jetzt die alte Ständeklausel, die frühere Bindung der Komödie an niedrige Stände aufgegeben, ihre noch bei Lessing angesehenste Form, die Charakterkomödie, wird zurückgedrängt von einer Komödie, die sich als ständeübergreifendes und sozialkritisches Sittengemälde versteht.

Gotthold Ephraim Lessing (1729–81) schreibt unter dem 23. Okt. 1767 im 51. Stück der »Hamburgischen Dramaturgie«:

»[. . .] da in der Komödie die Charaktere das Hauptwerk, die Situationen aber nur die Mittel sind, jene sich äußern zu lassen und ins Spiel zu setzen: so muß man nicht die Situationen, sondern die Charaktere in Betrachtung ziehen, wenn man bestimmen will, ob ein Stück Original oder Kopie genennt zu werden verdiene. Umgekehrt ist es in der Tragödie, wo die Charaktere weniger wesentlich sind und Schrecken und Mitleid vornehmlich aus den Situationen entspringt. Ähnliche Situationen geben also ähnliche Tragödien, aber nicht ähnliche Komödien. Hingegen geben ähnliche Charaktere ähnliche Komödien, anstatt daß sie in den Tragödien fast gar nicht in Erwägung kommen.«

Gotthold Ephraim Lessing: Hamburgische Dramaturgie. Hrsg. und komm. von Klaus L. Berghahn. Stuttgart: Reclam, 1981 [u. ö.]. (Reclams Universal-Bibliothek. 7738 [8]). S. 266.

In JOHANN GEORG SULZERS (1720–79) »Allgemeiner Theorie der schönen Künste« heißt es – hier stark gekürzt – unter dem Stichwort »Comödie«:

»Wenn man weder auf die ursprüngliche Beschaffenheit der griechischen Comödie, noch auf irgend eine besondere Form der gegenwärtigen sieht, sondern den Begriff derselben so allgemein macht, als er seyn kann, ohne aus seiner besondern Gattung zu treten, so kann man sagen: die Comödie sey die Vorstellung einer Handlung, die, sowol durch die dabey vorkommenden Vorfälle, als durch die Charaktere, Sitten und das Betragen der dabey intereßirten Personen, die Zuschauer auf eine belustigende und lehrreiche Weise unterhält. [...] Jede auf der Schaubühne vorgestellte Handlung, die Personen von Verstand und Geschmak angenehm unterhält, ohne sie in starke ernsthafte Leidenschaften zu setzen, und das Gemüth durch heftige Empfindungen hinzureissen, ist eine gute Comödie. Je feiner und geistreicher aber, und je lehrreicher zugleich dieses geschieht, desto grösser ist der Werth derselben für Zuschauer von feinem Geschmak. [...]
Auch lasse sich niemand durch die Besorgniß einiger Kunstrichter, daß durch die edlere Comödie die Schranken zwischen dem tragischen und dem comischen weggenommen werden und zweydeutige Mittelarten entstehen, die man weder zur Comödie noch Tragödie rechnen könne, irre machen. Die Natur kennt solche Schranken nicht. So wenig man uns sagen kann, wo das Hohe sich von dem Niedrigen, das Grosse von dem Kleinen trennt, oder auf welcher Stelle das Lied an die Ode, oder die Ode an das Lied gränzet, so wenig hat die Critik das Recht nach den Gränzen zwischen der Comödie und der Tragödie zu fragen. Sie sind nicht in dem Wesen, sondern in Graden unterschieden.

Die Grundregel, die der comische Dichter beständig vor Augen haben muß, ist nicht die, nach welcher Aristophanes sich allein scheint gerichtet zu haben: Spotte und erweke Verachtung und Gelächter; sondern diese: Mahle Sitten und zeichne Charaktere, die für denkende und empfindende Menschen interessant sind. Dem zufolge wird er über die Sitten der Menschen in allen Ständen genaue Beobachtungen anstellen, um sie mit Wahrheit und Lebhaftigkeit abzubilden.
[...]
Der Stoff zur Comödie ist so mannigfaltig, daß verschiedene merklich von einander abgehende Arten der Comödie daher entstehen können. Es würde nicht ohne Nutzen seyn, wenn diese Arten näher bestimmt, und jeder Art besondere Beschaffenheit umständlich aus einander gesetzt würde. Diejenigen, darin hauptsächlich alles auf die vollkommene Auszeichnung eines Charakters ankommt, könnte man Comödien der Charaktere nennen. Von dieser Art haben wir sehr viele: wie den Geizigen, den Ruhmräthigen, den Lügner, den Mann nach der Uhr, u. d. gl. Diese Gattung allein ist an Stoff beynahe unerschöpflich, da die Mischung der Charaktere selbst unendlich verschieden ist. Es sind noch ungemein viel Charaktere, die, ob sie gleich interessant sind, von keinem Dichter besonders behandelt worden.
[...] Vornehmlich aber ist dieses wichtig, daß in solchen Stüken nicht mehr, als ein Hauptcharakter vorkomme, dem alles übrige untergeordnet sey. Dieses ist eine Einheit, die noch weit wesentlicher ist, als die Einheit der Zeit und des Orts. Die vollkommenste Ausführung des Plans in einer Comödie dieser Art würde diese seyn: Ein Mensch würde in eine Situation gesetzet, die einen völligen Conflikt mit seinem Charakter macht. Also müßte entweder der Charakter den Umständen nachgeben, oder in diesen müßte durch die, dem Charakter gemässe Handlungen, eine solche Wendung hervorgebracht werden, daß der Charakter am Ende sein Recht behielte: das ist; entweder würde der Charakter über die Situation der Sachen, oder die Sachen über den Charakter den Sieg erhalten. [...]

Eine andre Art ist die Comödie der Sitten, die zur Absicht hat, ein wahrhaftes und lebhaftes Gemählde gewisser sich auszeichnender Sitten, vor das Auge der Zuschauer zu bringen. So kann man die Sitten des Hofes, die Sitten der Reichen, die Sitten ganzer Völker vorstellen. Denn obgleich in allen Gattungen der Comödie Sitten vorkommen, so würde man doch von denjenigen mit Recht eine besondere Gattung machen, die solche Hauptgemählde gewisser Sitten zum Hauptaugenmerk hätten. So ist z. E. die in England mit so grossem Beyfall aufgenommene Beggars Opera des Gay, darin die Sitten des niedrigsten Standes der Menschen, der herumschweifenden Bettler, gemahlt werden. [...]
Dazu aber würde freylich erfodert, daß sowol Dichter als Schauspieler, grosse Zeichner und Mahler wären. Es scheinet, daß die Comödie der Sitten, die wichtigste Gattung des Drama sey.
Eine andre Gattung könnten die Comödien ausmachen, deren Hauptabsicht ist, eine einzige merkwürdige Situation in allem, was sie Gutes oder Böses hat, vorzustellen. Dahin gehörten sowol allgemeine Situationen, wie die wäre, da ein Vater einige ungerathene Kinder hätte; die Situation eines dürftigen Menschen; einer gewissen Lebensart; eines Standes; als auch besondere Situationen, darin man durch gute oder schlechte Handlungen versetzt worden.
Es scheinet eben nicht gar schweer, für jede Situation eine Handlung auszudenken, wobey der Dichter Gelegenheit bekommen könnte, die gewählte Situation in einem lebhaften Lichte zu zeigen. Nichts aber würde mehr beytragen, das Gute und Böse des menschlichen Lebens lebhaft zu erkennen, als diese Gattung.
Die geringste Art scheinet die Comödie zu seyn, darin die Handlung weder in dem innern noch äussern Zustand der handelnden Personen gegründet ist, sondern durch seltsame Begebenheiten, wunderbare Zufälle und Verwiklungen interessant wird; da mancherley unerwartete, ausserordentliche und zum Theil abentheuerliche Dinge nach einander erfolgen und Verwirrungen verursachen, die den Geist in beständiger

Aufmerksamkeit unterhalten, und da die ganze Handlung durch eine unerwartete Auflösung ein End erreicht. Diese Art ist die leichteste, und erfodert den wenigsten Verstand. Denn es ist sehr leicht, eine Menge durch einander laufender Zufälle zu erdenken, die eine Handlung, die man eben hat vornehmen wollen, verwirren, und daher zu verschiedenen seltsamen Verwiklungen Gelegenheit geben. Indessen ist diese Gattung zur Belustigung und zur Abwechslung gut, und kann allerhand sehr artige Scenen auf die Bühne bringen. [...]

Aus diesen Betrachtungen entstehen die wahren Regeln und Maximen, nach denen der comische Dichter zu arbeiten hat. Die allgemeinste und wichtigste Regel scheinet die zu seyn, daß alles, was die handelnden Personen reden oder thun, vollkommen natürlich sey. [...] Jede Rede, jedes Wort, das nicht auf die ungezwungenste Weise aus der Gemüthsart der redenden Person, und den Umständen darin sie ist, folget, wird anstößig.

Aber nicht blos die Gedanken, Empfindungen und Handlungen der Personen, sondern auch der Ausdruk ihrer Reden muß höchst natürlich seyn. Wir müssen auf der Bühne jeden vollkommen so sprechen hören, wie das Original, das er vorstellet, sprechen würde. Ein einziger zu hoher', zu gekünstelter oder verstiegener, oder nicht in dem Charakter der redenden Person liegender Ausdruk, kann einen ganzen Auftritt verderben. Besonders muß dieses Natürliche in dem Ton der Unterredung, da mehrere Personen mit einander sprechen, getroffen seyn, wenn nicht das ganze Stük frostig werden soll. Dieses ist eines der schweersten Stüke der comischen Kunst. [...]

Es kann niemand zweifeln, daß alle diese wichtige Gegenstände, deren hier Erwähnung geschieht, nicht die eigentliche Materie der Comödie seyen: also kommt es nur auf den Verstand und das Genie des comischen Dichters an, durch eine gute Behandlung derselben höchst lehrreich, und folglich für nachdenkende Menschen höchst interessant zu seyn. Wie aber nach diesen Begriffen die Comödie nichts anders ist, als die praktische Philosophie durch Handlungen ausgedrukt, so kann nur der mit Fortgang für die comische Bühne arbeiten, der ausser den Talenten des Dichters, auch die Eigenschaften eines wahren praktischen Philosophen hat.«

Johann Georg Sulzer: Allgemeine Theorie der schönen Künste. Tl. 1. Leipzig: Weidmann & Reich, 1771. S. 213 ff.

Jakob Michael Reinhold Lenz selbst versucht 1774 in seinen »Anmerkungen übers Theater« Komödie und Tragödie auf folgende Weise zu unterscheiden:

»Damit wir nun, unsern Religionsbegriffen und ganzen Art zu denken und zu handeln analog, die Grenzen unsers Trauerspiels richtiger abstecken, als bisher geschehen, so müssen wir von einem andern Punkt ausgehen als Aristoteles, wir müssen, um den unsrigen zu nehmen, den Volksgeschmack der Vorzeit und unsers Vaterlandes zu Rate ziehen, der noch heut zu Tage Volksgeschmack bleibt und bleiben wird. Und da find ich, daß er beim Trauerspiele oder Staatsaktion, ist gleich viel, immer drauf losstürmt (die Ästhetiker mögen's hören wollen oder nicht) das ist ein Kerl! das sind Kerls! bei der Komödie aber ist's ein anders. Bei der geringfügigsten drollichten, possierlichen unerwarteten Begebenheit im gemeinen Leben rufen die Blaffer mit seitwärts verkehrtem Kopf: Komödie! Das ist eine Komödie! ächzen die alten Frauen. Die Hauptempfindung in der Komödie ist immer die Begebenheit, die Hauptempfindung in der Tragödie ist die Person, die Schöpfer ihrer Begebenheiten. [...]
Das Trauerspiel bei uns war also nie wie bei den Griechen das Mittel, merkwürdige Begebenheiten auf die Nachwelt zu bringen, sondern merkwürdige Personen. Zu jenem hatten wir Chroniken, Romanzen, Feste, zu diesem Vorstellung, Drama. Die Person mit all ihren Nebenpersonen, Interesse, Leidenschaften, Handlungen. Und war sie tot, so schloß das Stück, es müßte denn noch ihr Tod Würkungen veranlaßt haben, die auf die Person ein noch helleres Licht zurückwürfen. Daher führen uns unsere ältesten Schauspieldichter oft in

einem Akt ohne Anstoß durch verschiedene Jahre fort, sie wollen uns die ganze Person in allen ihren Verhältnissen zeigen, ja Hanns Sachse findt so wenig Bedenklichkeiten drin, seine geduldige Griselda in einem Auftritte freien, heiraten, schwanger werden und gebären zu lassen, daß er vielmehr im Prolog seine Zuschauer für der allzustarken Illusion warnet und ihnen auf sein Ehrenwort versichert, daß alle Sachen so eingericht, daß keinem Menschen ein Schaden geschieht. Woher das Zutrauen zu der Einbildungskraft seines Publikums? Weil er sicher war, daß sie sich aus der nämlichen Absicht dort versammlet hatten, aus der er aufgetreten war, ihnen einen Menschen zu zeigen, nicht eine Viertelstunde.

So ist's mit den historischen Stücken Shakespears: hier möchte ich Charakterstücke sagen, wenn das Wort nicht so gemißbraucht wäre. Die Mumie des alten Helden, die der Biograph einsalbt und spezereit, in die der Poet seinen Geist haucht. [...]

Ganz anders ist's mit der Komödie. Meiner Meinung nach wäre immer der Hauptgedanke einer Komödie eine Sache, einer Tragödie eine Person. Eine Mißheurat, ein Fündling, irgend eine Grille eines seltsamen Kopfs (die Person darf uns weiter nicht bekannt sein, als in so fern ihr Charakter diese Grille, diese Meinung, selbst dieses System veranlaßt haben kann: wir verlangen hier nicht die ganze Person zu kennen). Sehen Sie, meine Herren, das wäre so meine Meinung über Shakespears Komödien – und alle Komödien, die geschrieben sind und geschrieben werden können. Die Personen sind für die Handlungen da – für die artigen Erfolge, Wirkungen, Gegenwirkungen, ein Kreis herumgezogen, der sich um eine Hauptidee dreht – und es ist eine Komödie. Ja wahrlich, denn was soll sonst Komödie in der Welt sein? Fragen Sie sich und andere! Im Trauerspiele aber sind die Handlungen um der Person willen da – sie stehen also nicht in meiner Gewalt, ich mag nun Pradon oder Racine heißen, sondern sie stehen bei der Person, die ich darstelle. In der Komödie aber gehe ich von den Handlungen aus, und lasse Personen Teil dran nehmen welche ich will. Eine Komödie ohne Personen interessiert nicht, eine Tragödie ohne Personen ist ein Widerspruch. Ein Unding, eine oratorische Figur, eine Schaumblase über dem Maul Voltairens oder Corneillens ohne Dasein und Realität – ein Wink macht sie platzen.«

WS I. S. 359–361.

In seiner »Rezension des Neuen Menoza« schreibt LENZ 1775:

»Ich nenne durchaus Komödie nicht eine Vorstellung die bloß Lachen erregt, sondern eine Vorstellung die für jedermann ist. Tragödie ist nur für den ernsthaftern Teil des Publikums, der Helden der Vorzeit in ihrem Licht anzusehn und ihren Wert auszumessen im Stande ist. So waren die griechischen Tragödien Verewigung merkwürdiger Personen ihres Vaterlandes in auszeichnenden Handlungen oder Schicksalen; so waren die Tragödien Schackespears wahre Darstellungen aus den Geschichten älterer und neuerer Nationen. Die Komödien jener aber waren für das Volk, und der Unterscheid von Lachen und Weinen war nur eine Erfindung späterer Kunstrichter, die nicht einsahen, warum der gröbere Teil des Volks geneigter zum Lachen als zum Weinen sein, und je näher es dem Stande der Wildheit oder dem Hervorgehn aus demselbigen, destomehr sich seine Komödien dem Komischen nähern mußten. Daher der Unterschied unter der alten und neuen Komödie, daher die Notwendigkeit der französischen weinerlichen Dramen, die alle Spöttereien nicht hinwegräsonnieren können, und die nur mit totalem Verderbnis der Sitten der Nation ganz fallen werden. Komödie ist Gemälde der menschlichen Gesellschaft, und wenn die ernsthaft wird, kann das Gemälde nicht lachend werden. Daher schrieb Plautus komischer als Terenz, und Moliere komischer als Destouches und Beaumarchais. Daher müssen unsere deutschen Komödienschreiber komisch und tragisch zugleich schreiben, weil das Volk, für das sie schreiben, oder doch wenigstens schreiben sollten, ein solcher Mischmasch von Kultur und Rohigkeit, Sittigkeit und Wildheit ist. So erschafft der komische Dichter dem tragischen sein Publikum. Ich habe genug geredt für die, die mich verstehen wollen, und verstehen können. Ich spreche hier keinem einzigen Künstler was ab, sondern will bloß die Grundsätze meiner Kunst, die ich mir von den berühmtesten alten Künstlern abgezogen, und lange mit ganz warmer teilnehmender Seele durchdacht habe, dem Publikum vorlegen. Wer bedenkt, was das Theater für Einflüsse auf eine Nation haben kann, wird sich mit mir für eine Sache interessieren, die in Theaterzeitungen und Almanachen gewiß nicht ausgemacht werden wird.«

WS I. S. 418 f.

Louis-Sébastien Mercier (1740–1814) wandte sich in seiner Abhandlung »Neuer Versuch über die Schauspielkunst« (1773) gegen das klassizistische Theater Frankreichs. Er verlangte mit der Darstellung der zeitgenössischen Wirklichkeit, auch des einfachen Lebens, auf der Bühne Einfluß auf die moralische Bildung zu nehmen:

»Ich will beweisen, daß die neue Gattung, welche man Drama nennt, und welche aus dem Trauer- und Lustspiel zugleich entsteht, da sie das Pathetische des einen mit den naiven Schilderungen des andern verbindet, weit nützlicher, wahrer, interessanter ist, weil sie der grösten Menge der Bürger verständlich ist. [. . .]

Ich bin ein Mensch; kann ich dem dramatischen Dichter zurufen; zeig mir, was ich bin, entwickle vor meinen Augen meine eigene Kräfte; dir kommt es zu mich zu intereßiren, zu belehren, stark zu rühren. Hast du bisher es gethan? Wo sind die Früchte deiner Arbeiten? zu welchem Endzweck hast du gearbeitet? Hat der lärmende Beyfall des Volks den Erfolg den du dir davon versprachst, bestätigt? Vielleicht weiß es weder von deinen Arbeiten, noch von deinem Daseyn etwas. Welchen Einfluß hat also deine Kunst auf dein Jahrhundert, auf deine Landsleute? [. . .]

Es wäre also Zeit Details, und hauptsächlich die Pflichten des bürgerlichen Lebens zu schildern, [. . .].

Das Drama kann also zu gleicher Zeit ein interessantes Gemälde seyn, weil alle Stände der Menschen darinn auftreten können; ein moralisches Gemälde, weil die moralische Rechtschaffenheit ihre Gesetze darinn vortragen kann und soll; ein Gemälde des Ridikül, das um so viel vortheilhafter geschildert seyn wird, weil das Laster allein die Züge dazu herleihen wird; ein lachendes Gemälde, wenn die Tugend nach einigen Unfällen vollkommen triumphiren wird; endlich ein Gemälde des Jahrhunderts, weil es die Karaktere, Tugenden und Laster desselben wesentlich darstellen wird.
›Ey! das ist ja die Komödie:‹ wird man vielleicht einwerfen. Nein, sage ich, sie ist es nicht. Die Komödie hat diese rührende, pathetische, edle Scenen, diesen Ton der ehrlichen Leute, diese schöne Entwicklungen, diese belebte Sittenlehren, diese Karaktere, die ohne einander entgegen gestellt zu seyn, mit einander kontrastiren, die ohne einer den andern zu verdunklen, mit einander verbunden, zusammen geschmolzen sind, nicht gekannt. [...] In der Komödie bestimmt der Hauptkarakter die Handlung. Hier ist grade das Gegentheil, die Handlung entspringt aus dem Spiel der Karaktere. Eine einige Person ist nicht mehr der Despot, dem man alle andre unterordnet oder aufopfert; sie ist nicht mehr eine Art von Zapfen, auf dem sich alle Vorfälle und Reden des Stücks herumdrehen. Kurz das Drama ist nicht mehr eine gezwungene, schnellforteilende, übertriebene Handlung: es ist ein schöner Augenblick des menschlichen Lebens, der das Innere einer Familie aufdeckt, worinn man ohne die Hauptzüge zu versäumen mit Sorgfalt alle Details zusammlen bedacht ist. Es ist keine aus der Luft gegriffne Personnage, der man mit gröster Strenge alle Fehler oder Tugenden der Gattung andichtet; es ist eine viel wahrere, viel vernünftigere, weniger riesenmäßige Person, und die ohne sich gleich anfangs genannt zu haben, mehr Würkung thut, als wenn sie es gethan hätte. Die Thaten der Wahrheit gemäß anzetteln, verketten, in der Wahl der Begebenheiten dem gewöhnlichen Lauf der Dinge folgen, alles Romanhafte vermeiden, den Gang des Stückes zuschneiden, so daß der Auszug eine Erzählung zu seyn scheinet,

in welcher die genaueste Wahrscheinlichkeit obwaltet, das Interesse anlegen und ohne alles Gerüste es zu erhalten wissen, dem Auge nicht Zeit lassen trocken zu werden, ohne doch das Herz zu heftig, zu quetschen, hier und da endlich der Seele ein Lächeln abnöthigen, und die Freude eben so fein und wollüstig als das Mitleiden machen, das ist es, was das Drama sich vorsetzt, und was die Komödie nie versucht hat.

In dieser, ich wiederhole es, steht ein Karakter, ohne mit den andern verbunden zu seyn, fast immer oben an. Um ihn nachdrucksvoll zu machen, stellt man ihn gezwungen vor, und dann wird er Karrikatur; der nemliche Fehler, wie in der Tragödie. Dasjenige Stück würde das vollkommenste seyn, in welchem man nicht errathen könnte, welches der Hauptkarakter ist, und worinn sie alle so unter einander verbunden wären, daß man nicht einen einzigen davon wegnehmen könnte ohne das Ganze zu zerreißen. Man hat nicht genug Aufmerksamkeit auf die vermischte Karaktere gewandt, zwischen welchen doch das ganze Menschengeschlecht hinschwimmt. Die Menschen, gute und böse, sind nicht ganz der Güte, oder der Bosheit ergeben; sie haben Augenblicke, worinn sie ruhn, so wie sie Augenblicke haben, in welchen sie handeln, und die Schattirungen der Tugenden und der Laster sind von unendlicher Mannigfaltigkeit.«

[Louis-Sébastien Mercier:] Neuer Versuch über die Schauspielkunst. Aus dem Franz. [von Heinrich Leopold Wagner]. Mit einem Anh.: Etwas aus J. W. Göthes Brieftasche. Leipzig: Schwickert, 1776. (Nachdr. Mit einem Nachw. von Peter Pfaff. Heidelberg: Schneider, 1967.) S. 124 f., 136–141.

2. Geschlossene und offene Form des Dramas

Einen wichtigen Beitrag zum Verständnis dramatischer Grundstrukturen liefert Volker Klotz mit seinen Untersuchungen zur geschlossenen und offenen Form im Drama, wobei er die offene Form unter anderem am Beispiel von

Lenzens »Hofmeister« und »Soldaten« erläutert; hier Ausschnitte aus der zusammenfassenden Beschreibung charakteristischer Merkmale des offenen Dramas:

»Vielheit, Dispersion und der Zug zur empirischen Totalität, wodurch die geistigen Zusammenhänge häufig verdeckt werden, geben dem atektonischen Drama den Charakter des Offenen, Unabgerundeten. Während das geschlossene Drama sich auf einen repräsentativen Ausschnitt beschränkt und dadurch ein in sich geschlossenes Ganzes, Gerundetes zustande kommen läßt, ergibt gerade der unerfüllbare Anspruch auf allseitige empirische Totalität ein Fragmentarisches, ein im Sinne Wölfflins über sich Hinausweisen dessen, was unbegrenzt wirken will. Der Einheit von Handlung, Raum und Zeit dort steht hier eine Vielfalt von Handlung, Raum und Zeit gegenüber. Während dem geschlossenen Drama ein einheitliches Konstruktionsschema genügt, bedarf es hier vielfältiger Mittel, die auseinanderstrebenden Geschehnispartikel zu steuern. Man kann beim geschlossenen Drama gleichsam von einer Scheidung der ›Instanzen‹ sprechen, was wiederum die Übersichtlichkeit des Ganzen im dramatischen Gebilde fördert. Im offenen Drama dagegen bestehen mannigfache Wechselwirkungen und damit Verwischungen zwischen den ›Instanzen‹. Die Dispersion der Handlung zu koordinieren übernimmt bald die Person (›zentrales Ich‹), bald die Bildersprache (›metaphorische Verklammerung‹), bald das Thema (›komplementäre Stränge‹).
Das Ganze in Ausschnitten: Die äußere Handlung drängt über die Grenzen, die durch Anfang und Ende des Dramas gegeben sind, hinaus. Das Geschehen setzt unvermittelt ein, und es bricht unvermittelt ab. Innerhalb dieser Scheingrenzen verläuft es nicht kontinuierlich schlüssig, sondern punktuell interruptiv, nicht einer Entwicklung folgend, sondern Gleichwertiges reihend.
Der stabilen Ausgewogenheit von Spiel und Gegenspiel, von gleichgearteten Gegnern im geschlossenen Drama steht hier eine labile Unausgewogenheit gegenüber: Gegenspieler des

Helden ist keine Person, sondern die Welt in der Fülle ihrer Einzelerscheinungen. Von allen Seiten auf ihn eindringend macht sie den Helden zum ›Monagonisten‹ und unterwirft die Handlung meist einer afinalen Kreisbewegung. Entsprechend ist das vorwiegende Kompositionsprinzip das einer kreisenden Variation von Weltaspekten, die die Person betreffen. [...]

Die entfesselte dramatische Zeit verfügt über ein weites Expansionsfeld. Sie wird als Eigenmacht entbunden und wirkt aktiv am Geschehen mit. Ein geschlossenes Ganzes vermag auch hier nicht zu entstehen; denn die überweite Zeitspanne hintertreibt das Erlebnis kontinuierlichen Zeitflusses. Während im geschlossenen Drama die ungebrochene Richtungsbewegung des Zeitflusses die spezifische und einmalige Zeitqualität des szenischen Augenblicks schluckt, überdeckt hier, umgekehrt, der intensiv erlebte Augenblick die Kontinuität, macht hier die Zeittiefe der Einzelszene den Zeitlauf des Gesamtdramas vergessen.

Das Ganze in Ausschnitten: Das Ganze zeitlicher und räumlicher Erlebnismöglichkeiten wird in spezifischen Zeitqualitäten dargeboten, die sich mit spezifischen Räumlichkeiten zu einmaligen Situationen verbinden. Fast jede Szene hat eigenen Raum und eigenen zeitlichen Aggregatzustand. Die Mannigfaltigkeit des Raumganzen ›Welt‹ wird wiederum annähernd, mithin in Ausschnitten, offen und ›ungesättigt‹ beschworen. [...]

Ist das Personal des geschlossenen Dramas zahlenmäßig und gesellschaftlich begrenzt, so sind im offenen Drama auch den Personen keine Grenzen gezogen. Das Prinzip der Vielheit herrscht in jeder Beziehung. Nicht ein bestimmter Stand der in sich geschlossen das Ganze repräsentiert, kommt auf die Bühne, sondern viele Stände. Auch hier hat freilich die Tendenz zur empirischen Totalität ein zwangsläufig fragmentarisches Ergebnis. Ebenfalls fragmentarisch ist, vom Bild des ›mündigen‹ Menschen her gesehen, die Struktur der einzelnen Person: sie gewinnt an Wirklichkeitskontakten und

Lebensfülle und verliert dabei an Mündigkeit, an kontrolliertem Selbstbewußtsein, an personaler Geschlossenheit. Plastisch in fast allen Lebensbezügen gezeigt, milieuverhaftet, sensationsbefangen, geht den Personen ab, was für die Personen des geschlossenen Dramas wesentlich ist: Besonnenheit, Abstand zu sich selbst und zu jeglichem Gegenüber, woraus allein ein verantwortungsbewußtes Scheiden und Entscheiden resultiert. Sie sehen nur das Nächste, nicht das Ganze. Doch das Nächste, der im offenen Drama autonom gewordene Teil, involviert das Ganze. Den Personen im geschlossenen Drama ist dagegen das Ganze (ungeteilt) das Nächste.
Das Ganze in Ausschnitten: Der Erlebnisbereich ist weiter, bunter, variabler, doch gerade dadurch ist er nicht als überschaubares Ganzes zu fassen.
Das geschlossene Drama verlagert die Bewegungen des äußeren Geschehens weitgehend ins Innere, das heißt: in den von der scharf umrissenen Persönlichkeitskontur eingegrenzten seelisch-geistigen Raum. Das offene Drama dagegen entbindet in der Pantomime die inneren Regungen und projiziert sie in den freien Raum der theatralischen Szene.
[. . .] Die Satzbewegung springt von Punkt zu Punkt, sie rezipiert die Wirklichkeit als eine ständig wechselnde Aspektfolge, wobei sinnliche Anschaulichkeit allemal die rationale Verstrebung überschwemmt.
Es entspricht dies dem Verhältnis von Sprache und zu gestaltender Wirklichkeit. Wird im geschlossenen Drama die Wirklichkeit emporgeläutert auf die Ebene hoher wohlgefügter Verssprache, wird das Stofflich-Sperrige dort eingemeindet, gezähmt und stilisiert in den exklusiven Raum hierarchisch geordneter Syntax und gekürter Bildlichkeit – so sucht die Sprache hier der Wirklichkeit auf gleicher Ebene rückhaltlos und unmittelbar Ausdruck zu schaffen. Die Folge ist wiederum ein Gebanntsein des Sprechers durch das Nächste und Einzelne, nicht ein sicherer Überblick über das Ganze. Die nahegerückte empirische Wirklichkeit drängt den Menschen sprachlich in die Defensive: er vermag sie nur mehr ansatz-

weise zu erfassen. Die Flucht in die Pantomime weist auf ein Verstummen vor der Übermacht des Gegenüber, Anakoluth, Ellipse und Satzabbruch auf ein nur halbes, fragmentarisches Bewältigen.«

Volker Klotz: Geschlossene und offene Form im Drama. München: Hanser, 1960. S. 230–234.

VII. Literaturhinweise

1. Ausgaben

Der Hofmeister oder Vortheile der Privaterziehung. Eine Komödie. Leipzig: Weygandsche Buchhandlung, 1774. [Anonym erschienener Erstdruck.]

Gesammelte Schriften von J. M. R. Lenz. Hrsg. von Ludwig Tieck. 3 Bde. Berlin: Reimer, 1828. Bd. 1. S. 1–84.

Stürmer und Dränger. Zweiter Teil. Lenz und Wagner. Hrsg. von August Sauer. Berlin/Stuttgart: Union Deutsche Verlags-Anstalt, [1880]. (Deutsche National-Litteratur. Hrsg. von Joseph Kürschner.) Bd. 80. S. 1–81.

Jakob Michael Reinhold Lenz: Gesammelte Schriften. Hrsg. von Franz Blei. 5 Bde. München/Leipzig: G. Müller, 1909–13. Bd. 1. S. 327–421. [Zit. als: GS.]

Gesammelte Schriften von Jakob Michael Reinhold Lenz. Hrsg. von Ernst Lewy. 4 Bde. Berlin: P. Cassirer, 1909. (2. Aufl. 1917.) Bd. 1. S. 1–88.

Jakob Michael Reinhold Lenz: Werke und Schriften. Hrsg. von Britta Titel und Hellmut Haug. 2 Bde. Stuttgart: Goverts, 1966–67. Bd. 2. S. 9–104. [Zit. als WS.]

Jakob Michael Reinhold Lenz: Gesammelte Werke in vier Bänden. Hrsg. von Richard Daunicht. München: Fink, 1967. Bd. 1. S. 39–121. [Zit. als: GW.]

Dramatischer Nachlass von J. M. R. Lenz. Zum ersten Male hrsg. und eingel. von Karl Weinhold. Frankfurt a. M.: Literarische Anstalt, 1884.

Jakob Michael Reinhold Lenz: Anmerkungen übers Theater. Shakespeare-Arbeiten und Shakespeare-Übersetzungen. Hrsg. von Hans-Günther Schwarz. Stuttgart: Reclam, 1976 [u. ö.]. (Reclams Universal-Bibliothek. 9815.)

Lenz in Briefen. Hrsg. von Fritz Waldmann. Zürich: Verl. von Stern's Literar. Bulletin d. Schweiz, 1894. [Zit. als: Waldmann.]

Briefe von und an J. M. R. Lenz. Ges. und hrsg. von Karl Freye und Wolfgang Stammler. 2 Bde. Leipzig: K. Wolff, 1918. [Zit. als: Briefe.]

2. Bearbeitungen

[Schröder, Friedrich Ludwig:] Der Hofmeister oder Vortheile der Privaterziehung. Ein Schauspiel in vier Aufzügen. – Eine Abschrift des Bühnenms. bewahrt das Theaterarchiv der Stadt Mannheim auf; eine Kollation dieser Bearbeitung mit dem Druck in der von August Sauer herausgegebenen Ausgabe »Stürmer und Dränger« (s. o.) findet sich bei Wolfgang Stammler: »Der Hofmeister« von J. M. R. Lenz. Halle 1908. S. 104–117.

Klabund [d. i. Alfred Henschke]: Der Hofmeister. Ein Schauspiel in 12 Bildern von J. M. Reinhold Lenz. Bühnenbearbeitung. Berlin [o. J.].

Brecht, Bertolt: Der Hofmeister von Jakob Michael Reinhold Lenz. Bearbeitung. In: B. B.: Versuche. H. 11. Berlin 1951. S. 5–55. – »Anmerkungen«, »Probeergebnisse«, »Episierungen«, »Über das Poetische und Artistische«. Ebd. S. 56–78.

– Der Hofmeister von Jakob Michael Reinhold Lenz. Bearbeitung. In: B. B.: Gesammelte Werke in 20 Bänden. Hrsg. vom Suhrkamp Verlag in Zsarb. mit Elisabeth Hauptmann. Bd. 6. Frankfurt a. M. 1967. S. 2331–2394.

Der Hofmeister. Tragikomödie von J. M. R. Lenz in der Bearbeitung des Berliner Ensembles. In: Theaterarbeit. 6 Aufführungen des Berliner Ensembles. Hrsg.: Berliner Ensemble, Helene Weigel. Düsseldorf 1952. S. 68–120. [Zit. als: Theaterarbeit.]

3. Übersetzungen

Dänisch: Hofmesteren eller den private Opdragelse Fortrin. En Comedie. Odense 1777.

Französisch: Le Précepteur ou les avantages de l'éducation privée. Trad. par Pierre Angel. Collection bilingue des Classiques étrangères. Paris 1963.

Englisch: The Tutor. The Soldiers. Transl. and with an Introd. by William E. Yuill. Chicago/London 1972.

4. Forschungsliteratur

Albert, Claudia: Verzeihungen, Heiraten, Lotterien. Der Schluß des Lenzschen »Hofmeisters«. In: Wirkendes Wort 39 (1989) S.63–71.

Arendt, Dieter: J. M. R. Lenz: »Der Hofmeister« oder Der kastrierte »pädagogische Bezug«. In: Lenz-Jahrbuch 2 (1992) S. 42–77.

Arntzen, Helmut: Die ernste Komödie. Das deutsche Lustspiel von Lessing bis Kleist. München 1968. S. 83–90.

Benseler, David Price: J. M. R. Lenz. An Indexed Bibliography with an Introduction on the History of The Manuscripts and Editions. Diss. University of Oregon 1971. [Masch.]

Blei, Franz: Lenz. In: Die Schaubühne 7 (1911) S. 253–256.

Blunden, Allan: Jakob Michael Reinhold Lenz. In: German Men of Letters. Vol 6: Literary Essays. Ed. by Alex Natan and Brian Keith-Smith. London 1972. S. 209–240.

Bochan, Bohdan: The dynamics of desire in Lenz's »Der Hofmeister«. In: Hill, David (Hrsg.): Jakob Michael Reinhold Lenz. Studien zum Gesamtwerk. Opladen 1994. S. 120–128.

Böckmann, Paul: Formgeschichte der deutschen Dichtung. Bd. 1. Hamburg 1949. S. 661–667.

Brown, M. A. L.: Lenz's »Hofmeister« and the drama of Storm and Stress. In: James McPherson Ritchie (Ed.): Periods in German Literature. Vol. 2. London 1969. S. 67–84.

Butler, Michael: Character and Paradox in Lenz's »Der Hofmeister«. In: German Life and Letters 32 (1978/79) S. 95–103.

Burger, Heinz Otto: J. M. R. Lenz »Der Hofmeister«. In: Das deutsche Lustspiel. Hrsg. von Hans Steffen. Bd. 1. Göttingen 1968. S. 48–67.

Burschell, Fritz: J. M. Reinhold Lenz und seine Komödien »Der Hofmeister« und »Die Soldaten«. In: Die Masken (1910) S. 260–266.

Chantre, Jean Claude: Les considérations religieuses et esthétiques d'un »Stürmer und Dränger«. Etudes des écrits théoriques de J. M. R. Lenz (1751–1792). Bern 1982.

Dahnke, Hans-Dietrich: Brecht und Lenz Erbaneignung und aktuelle Literaturfunktion im Spiegel des Hofmeister-Stückes. In: Brecht. Dokumentation 1978: Kunst und Politik. Brecht-Dialog 1978. Berlin 1979. S. 109–115.

Daunicht, Richard: J. M. R. Lenz und Wieland. Dresden 1942. [Zugl. Diss. Berlin 1941.]

Diffey, Norman R.: Jakob Michael Reinhold Lenz and Jean-Jacques Rousseau. Bonn 1981. S. 160–173.

Dosenheimer, Elise: Das deutsche soziale Drama von Lessing bis Sternheim. Konstanz 1949. (Nachdr.: Darmstadt 1967.) S. 35–37.

Duncan, Bruce: Dark Comedy in 18th-Century Germany: Lessing and Lenz. Diss. Cornell University 1969. [Masch.] S. 156–183.
– A »Cool Medium« as Social Corrective: J. M. R. Lenz' Concept of Comedy. In: Colloquia Germanica 8 (1975) S. 232–245

Dune, Edmond: Lenz et le »Sturm und Drang«. In: Critique 14 (1958) S. 18–31.

Durzak, Manfred: Das bürgerliche Trauerspiel als Spiegel der bürgerlichen Gesellschaft. In: Propyläen Geschichte der Literatur. Bd. 4: Aufklärung und Romantik 1700–1830. Berlin 1983. S. 118–139.
– Lenz' »Der Hofmeister« oder die Selbstkasteiung des bürgerlichen Intellektuellen. In: Hill, David (Hrsg.): Jakob Michael Reinhold Lenz. Studien zum Gesamtwerk. Opladen 1994. S. 110–119.

Eibl, Karl: »Realismus« als Widerlegung von Literatur. Dargestellt am Beispiel von Lenz' »Hofmeister«. In: Poetica 6 (1974) S. 456–467.

Fertig, Ludwig: Der Hofmeister. Ein Beitrag zur Geschichte des Lehrerstandes und der bürgerlichen Intelligenz. Stuttgart 1979.

Fischer, Gerhard: Brechts Dramen 1948–1950. In: »Die Mühen der Ebenen«. Kontinuität und Wandel in der deutschen Literatur und Gesellschaft 1945–1949. Hrsg. von Bernd Hüppauf. Heidelberg 1981. S. 271–306.

Freund, Hans: Das Fremdwort bei J. M. R. Lenz. Diss. Greifswald 1933.

Genton, Elisabeth: Lenz, Klinger, Wagner. Studien über die rationalistischen Elemente im Denken und Dichten des Sturmes und Dranges. Diss. Berlin 1955. [Masch.]
– Jacob Michael Reinhold Lenz et la scène allemande. Paris 1966. (Germanica. 8.)

Giese, Peter Christian: Das »Gesellschaftlich-Komische«. Zu Komik und Komödie am Beispiel der Stücke und Bearbeitungen Brechts. Stuttgart 1974. S. 160–210.

Girard, René: Lenz 1751–1792. Genèse d'une dramaturgie du tragicomique. Paris 1968.

Glaser, Horst Albert: Heteroklisie – der Fall Lenz. In: Gestaltungsgeschichte und Gesellschaftsgeschichte. Hrsg. von Helmut Kreuzer. Stuttgart 1969. S. 132–151.

Gluth, Oskar: Lenz als Dramatiker. München/Leipzig 1912.

Guthke, Karl S.: Lenzens »Hofmeister« und »Soldaten«. Ein neuer Formtypus in der Geschichte des deutschen Dramas. In: Wirkendes Wort 9 (1959) S. 274–286.

Guthke, Karl S.: Geschichte und Poetik der deutschen Tragikomödie. Göttingen 1961. S. 51–72.

Guthrie, Jason: Revision und Rezeption: Lenz und sein »Hofmeister«. In: Zeitschrift für deutsche Philologie 110 (1991) S. 181–201.

Guthrie, John: Lenz und Büchner: Studies in Dramatic Form. Frankfurt a. M. / Bern / New York 1984. S. 53–72.

Haeg, Ingrid: Die Dramaturgie der Verschiebung im »Hofmeister« von Lenz oder: Über die Konstellation von Lücke und Glück. In: Études Germaniques 52 (1997) S. 113–130.

Haffner, Herbert: Lenz. Der Hofmeister – Die Soldaten. Mit Brechts »Hofmeister«-Bearbeitung und Materialien. München 1979.

Halbe, Max: Der Dramatiker Reinhold Lenz. Zu seinem hundertjährigen Todestage. In: Die Gesellschaft 8,1 (1982) S. 568–582.

Harris, Eduard P.: Structural Unity in J. M. R. Lenz's »Der Hofmeister«. A Revaluation. In: Seminar 8 (1972) S. 77–87.

– J. M. R. Lenz in German Literature. From Büchner to Bobrowski. In: Colloquia Germanica 6 (1973) S. 214–233.

Hinck, Walter: Das deutsche Lustspiel des 17. und 18. Jahrhunderts und die italienische Komödie. Stuttgart 1965. S. 328–347.

– Produktive Rezeption heute: Am Beispiel der sozialen Dramatik von J. M. R. Lenz und H. L. Wagner. In: W. H. (Hrsg.): Sturm und Drang. Kronberg i. Ts. 1978 S. 257–269.

Hinderer, Walter: Lenz. Der Hofmeister. In: Die deutsche Komödie. Vom Mittelalter bis zur Gegenwart. Hrsg. von Walter Hinck. Düsseldorf 1977. S. 66–88.

Hohoff, Curt: Jakob Michael Reinhold Lenz in Selbstzeugnissen und Bilddokumenten. Reinbek bei Hamburg 1977.

Huber-Bindschedler, Berta: Die Motivierung in den Dramen von J. M. R. Lenz. Ein Beitrag zur Psychologie Lenzens. Diss. Zürich 1922. S. 58–68.

Huyssen, Andreas: Gesellschaftsgeschichte und literarische Form: J. M. R. Lenz' Komödie »Der Hofmeister«. In: Monatshefte 71 (1979) S. 131–144.

– Drama des Sturm und Drang. Kommentar zu einer Epoche. München 1980. S. 157–173.

Inbar, Eva Maria: Shakespeare in der Diskussion um die aktuelle deutsche Literatur (1773–1777). Zur Entstehung der Begriffe »Shakespearisierendes Drama« und »Lesedrama«. In: Jahrbuch des Freien Deutschen Hochstifts 1979. S. 1–39.

Inbar, Eva Maria: Shakespeare in Deutschland: Der Fall Lenz. Tübingen 1982. (Studien zur deutschen Literatur. Bd. 67.)

Kindermann, Heinz: J. M. R. Lenz und die deutsche Romantik. Ein Kapitel aus der Entwicklungsgeschichte romantischen Wesens und Schaffens. Wien/Leipzig 1925.

Kistler, Mark O.: Drama of the Storm and Stress. New York 1969. S. 43–52.

Kitching, Laurence Patrick Anthony: »Der Hofmeister«. A Critical Analysis of Bertolt Brecht's Adaptation of Lenz's Drama. München 1976.

Kliess, Werner: Sturm und Drang. Hannover 1966. (Friedrichs Dramatiker des Welttheaters. 25.) S. 34–74.

Klotz, Volker: Geschlossene und offene Form im Drama. München 1960.

Knopf, Jan: Der Hofmeister. Von Jakob Michael Reinhold Lenz. Bearbeitung. In: J. K.: Brecht-Handbuch. Theater. Stuttgart 1980. S. 292–304.

– Noch einmal: Pätus. Zur Vaterschaft in Lenz' »Hofmeister«. In: Deutsche Vierteljahrsschrift für Literaturwissenschaft und Geistesgeschichte 54 (1980) S. 517–519.

Korb, Richard Alan: »Der Hofmeister«: Lenz's Sex Comedy. In: Leidner, Alan C. [u. a.] (Hrsg.): Space to act. The Theater of J. M. R. Lenz. Columbia 1993. S. 25–34.

Kreutzer, Leo: Literatur als Einmischung: Jakob Michael Reinhold Lenz.: In: Sturm und Drang. Hrsg. von Walter Hinck. Kronberg i. Ts. 1978. S. 213–229.

Lappe, Claus O.: Wer hat Gustchens Kind gezeugt? Zeitstruktur und Rollenspiel in Lenz' »Hofmeister«. In: Deutsche Vierteljahrsschrift für Literaturwissenschaft und Geistesgeschichte 54 (1980) S. 14–46.

– Noch einmal zur Vaterschaft in Lenz' »Hofmeister«. In: Deutsche Vierteljahrsschrift für Literaturwissenschaft und Geistesgeschichte 54 (1980) S. 520–521.

Löfdahl, Göran: Moral und Dialektik – über die Pätus-Figur im »Hofmeister«. In: Orbis Litterarum 20 (1965) S. 19–31.

Luserke, Matthias: J. M. R. Lenz: Der Hofmeister. Der neue Menoza. Die Soldaten. München 1993.

– »Der Hofmeister oder Vorteile der Privaterziehung«. In: M. L.: Lenz-Studien. Literaturgeschichte. Werke. Themen. St. Ingbert 2001. S. 93–118.

Martini, Fritz: Die Einheit der Konzeption in J. M. R. Lenz' »An-

merkungen übers Theater«. In: Jahrbuch der Deutschen Schillergesellschaft 14 (1970) S. 159–182.
Mattenklott, Gert: Melancholie in der Dramatik des Sturm und Drang. Stuttgart 1968. (Erw. und durchges. Aufl. Königstein 1985.) S. 122–168.
Mayer, Hans: Bertolt Brecht und die Tradition. Pfullingen 1961. S. 53–57.
– Lenz oder die Alternative. In: J. M. R. Lenz: Werke und Schriften. Hrsg. von Britta Titel und Hellmut Haug. Bd. 2. Stuttgart 1967. S. 795–827.
Meier, Werner: Der Hofmeister in der deutschen Literatur des 18. Jahrhunderts. Diss. Zürich 1938.
Mensing, Erwin: Jüngstdeutsche Dichter in ihrer Beziehung zu J. M. R. Lenz. Diss. München 1925.
Meyer, Willy: Lenz' »Hofmeister«. Ein Kapitel aus der Entwicklungsgeschichte der deutschen Literatur. Diss. Erlangen 1933.
Michel, Willy: Sozialgeschichtliches Verstehen und kathartische Erschütterung. Lenz' Tragikomödie »Der Hofmeister«. In: W. M.: Die Aktualität des Interpretierens. Heidelberg 1978. S. 34–57.
Nahke, Evamarie: Über den Realismus in J. M. R. Lenzens sozialen Dramen und Fragmenten. Diss. Berlin 1955. [Masch.]
Neumann, Franz: Der Hofmeister. Ein Beitrag zur Geschichte der Erziehung im 18. Jahrhundert. Diss. Halle 1930.
Oehlenschläger, Eckart: Jakob Michael Reinhold Lenz. In: Deutsche Dichter des 18. Jahrhunderts. Ihr Leben und Werk. Hrsg. von Benno von Wiese. Berlin 1977. S. 747–781.
Osborne, John: J. M. R. Lenz: The Renunciation of Heroism. Göttingen 1975. S. 100–116.
Parkes, Ford Briton: Epische Elemente in J. M. R. Lenzens Drama »Der Hofmeister«. Göppingen 1973.
Petrich, Rosemarie E.: Die Funktion der Komik in den Dramen »Der Hofmeister« und »Die Soldaten« von J. M. R. Lenz. Diss. Ohio State University 1974. [Masch.] S. 27–97.
– Religion und Komödie: »Der Hofmeister« von J. M. R. Lenz. In: Wege der Worte. Festschrift für Wolfgang Fleischhauer. Köln/Wien 1978. S. 277–287.
Pfütze, Curt: Die Sprache in J. M. R. Lenzens Dramen. In: Archiv für das Studium der neueren Sprachen und Literaturen 85 (1890) S. 129–202.
Preuß, Werner Hermann: Selbstkastration oder Zeugung neuer

Kreatur. Zum Problem der moralischen Freiheit in Leben und Werk von J. M. R. Lenz. Bonn 1983. S. 38–54, 84–89.
Rosanow, M[atvej] N.: Jakob M. R. Lenz, der Dichter der Sturm- und Drangperiode. Sein Leben und seine Werke. Deutsch von Carl von Gütschow. Leipzig 1909. Nachdr. Leipzig 1972.
Rudolf, Ottomar: Jakob Michael Reinhold Lenz. Moralist und Aufklärer. Bad Homburg / Berlin / Zürich 1970.
Schmets, Thomas: Von Macht, Menschen und Marionetten. Zur Titelfigur in Lenz' »Der Hofmeister«. In: Wurst, Karin A. (Hrsg.): J. M. R. Lenz als Alternative? Positionsanalysen zum 200. Todestag. Köln/Weimar/Wien 1992. S. 158–178.
Schmidt, Erich: Lenz und Klinger. Zwei Dichter der Geniezeit. Berlin 1878.
Schmidt-Neubauer, Joachim: Die Bedeutung des Glückseligkeitsbegriffes für die Dramentheorie und -praxis der Aufklärung und des Sturm und Drang. Bern / Frankfurt a. M. / Las Vegas 1982. S. 104–112.
Schöne, Albrecht: Säkularisation als sprachbildende Kraft. Studien zur Dichtung deutscher Pfarrersöhne. Göttingen [2]1968. (Palästra. 226.) S. 92–138.
Schoeps, Karl H.: Zwei moderne Lenzbearbeitungen. In: Monatshefte 67 (1975) S. 437–457.
Schulz, Gudrun: Klassikerbearbeitungen Bertolt Brechts. In: Text + Kritik. Sonderband Bertolt Brecht II. Hrsg. von Karl Ludwig Arnold. München 1973. S. 138–151.
Sørensen, Bengt Algot: Herrschaft und Zärtlichkeit. Der Patriarchalismus und das Drama im 18. Jahrhundert. München 1984. S. 141–161.
Spalter, Max: Brecht's Tradition. Baltimore 1967. S. 3–36.
Stammler, Wolfgang: »Der Hofmeister« von Jakob Michael Reinhold Lenz. Ein Beitrag zur Literaturgeschichte des 18. Jahrhunderts. Diss. Halle 1908. [Zit. als: Stammler.]
Stephan, Inge / Winter, Hans-Gerd: »Ein vorübergehendes Meteor«? J. M. R. Lenz und seine Rezeption in Deutschland. Stuttgart 1984. S. 144–165.
Stipa Madland, Helga: Non-Aristotelian Drama in Eighteenth Century Germany and its Modernity. J. M. R. Lenz. Frankfurt a. M. / Bern 1982.
– Gesture as Evidence of Language Skepticism in Lenz's »Der Hofmeister« and »Die Soldaten«. In: German Quarterly 57 (1984) S. 546–557.

Stockmeyer, Clara: Soziale Probleme im Drama des Sturm und Drangs. Eine literarhistorische Studie. Frankfurt a. M. 1922. (Deutsche Forschungen. 5.)

Titel, Britta: »Nachahmung der Natur« als Prinzip dramatischer Gestaltung bei Jakob Michael Reinhold Lenz. Diss. Frankfurt a. M. 1963. [Masch.]

Unger, Gerhart: Lenz' »Hofmeister«. Diss. Göttingen 1942.

Unglaub, Erich: »Das mit Fingern deutende Publicum.« Das Bild des Dichters Jakob Michael Reinhold Lenz in der literarischen Öffentlichkeit 1770–1814. Frankfurt a. M. / Bern 1983.

Werner, Franz: Soziale Unfreiheit und »bürgerliche Intelligenz« im 18. Jahrhundert. Der organisierende Gesichtspunkt in J. M. R. Lenzens Drama »Der Hofmeister oder die Vortheile der Privaterziehung«. Frankfurt a. M. 1981. (Saarbrücker Beiträge zur Literaturwissenschaft. 5.)

Wessmeyer, Monika: Gesellschaftskritik in der Tragikomödie: Der Hofmeister (1774) und Die Soldaten (1776) von J. M. R. Lenz. In: New German Review 2 (1986) S. 55–68.

Weiss, Christoph: Elisabeth Hauptmanns Hörfunksendung über Jakob Michael Reinhold Lenz am Vorabend der Premiere von Brechts »Hofmeister«-Bearbeitung. In: text + kritik 146: Jakob Michael Reinhold Lenz. München 2000. S. 3–15.

Wien, Werner: Lenzens Sturm und Drang-Dramen innerhalb seiner religiösen Entwicklung. Berlin 1935.

Wittkowski, Wolfgang: Aktualität und Historizität: Bevormundung des Publikums in Brechts Bearbeitungen. In: Brechts Dramen. Neue Interpretationen. Hrsg. von Walter Hinderer. Stuttgart 1984. S. 356–358.

– Der Hofmeister. Der Kampf um das Vaterbild zwischen Lenz und der neuen Germanistik. In: Literatur für Leser 2 (1996) S. 75–92.

Wirtz, Thomas: Das Ende der Hermetik. Zu den Schlußszenen von J. M. R. Lenz' »Verwundetem Bräutigam« und dem »Hofmeister«. In: Zeitschrift für deutsche Philologie 111 (1992) S. 481–498.

Zeissig, Gottfried: Die Überwindung der Rede im Drama. Vergleichende Untersuchungen des dramatischen Sprachstils in den Tragödien Gottscheds, Lessings und der Stürmer und Dränger. Diss. Leipzig 1930. S. 93–100.

Zimmer, Reinhold: Dramatischer Dialog und außersprachlicher Kontext. Dialogformen in deutschen Dramen des 17. bis 20. Jahrhunderts. Göttingen 1982. S. 105–120.

Zimmermann, Rolf Christian: Marginalien zur Hofmeister-Thematik und zur Teutschen Misere bei Lenz und Brecht. In: Drama und Theater im 20. Jahrhundert. Festschrift für Walter Hinck. Hrsg. von Hans Dietrich Irmscher und Werner Keller. Göttingen 1983. S. 213–227.

5. Wörterbücher

Adelung, Johann Christoph: Versuch eines vollständigen grammatisch-kritischen Wörterbuches der Hochdeuschen Mundart mit beständiger Vergleichung der übrigen Mundarten, besonders aber der Oberdeutschen. 5 Bde. Leipzig 1774–86.

Campe, Joachim Heinrich: Wörterbuch der Deutschen Sprache. 5 Tle. Braunschweig 1807–11.

Grimm, Jacob und Wilhelm: Deutsches Wörterbuch. 16 Bde. Leipzig 1854–1971. [Zit. als: GWb.]

Röhrich, Lutz: Lexikon der sprichwörtlichen Redensarten. 2 Bde. Freiburg i. Br. / Basel / Wien 1973.

Wander, Karl Friedrich Wilhelm: Deutsches Sprichwörter-Lexikon. 5 Bde. Leipzig 1867–80.

J. M. R. Lenz

IN RECLAMS UNIVERSAL-BIBLIOTHEK

Anmerkungen übers Theater. Shakespeare-Arbeiten und Shakespeare-Übersetzungen. Herausgegeben von Hans-Günther Schwarz. 142 S. UB 9815

Erzählungen. Zerbin. Der Waldbruder. Der Landprediger. Herausgegeben von Friedrich Voit. 167 S. UB 8468

Der Hofmeister oder Vorteile der Privaterziehung. Eine Komödie. Anmerkungen von Friedrich Voit. Nachwort von Karl S. Guthke. 104 S. UB 1376 – dazu *Erläuterungen und Dokumente.* Von Friedrich Voit. 191 S. UB 8177

Die Soldaten. Eine Komödie. Anmerkungen von Friedrich Voit. Nachwort von Manfred Windfuhr. 88 S. UB 5899 – dazu *Erläuterungen und Dokumente.* Von Wolfgang Ranke. 119 S. UB 16027

Werke. Herausgegeben von Friedrich Voit. 604 S. UB 8755

Philipp Reclam jun. Stuttgart